華志文化

華志文化

靈異藝術學

另類的藝術寫照

以位居優位的創作來說，藝術越臻上境，
成就它所需的才氣越顯重要；
而此才氣除了自我稟靈內蘊，再來就是外靈助益。
此類助益，有的借體而展現，有的啟導而複製，
有的協商而促進，管道多元，價值也不一。
這都要細密勾織，以發微藝術的另類寫照，
而為藝術的新看待方式張目，以及給藝術教育預留一個彈性空間。

周慶華◎著

書內容簡介

從藝術學到靈異藝術學是一個質變兼量變的過程，重點在證成審美經驗於相當程度上為靈界所制約而不盡現實性。此一神祕機能原穿透力甚強，卻一向被世人所漠視，導致所有對藝術生發演變的理解難以透徹入微。如今從新開談，引入靈異變項，察考它的來龍去脈，並且評估它的成效及其所蘊涵的文化意義，為一門新學科的成立盡特大心力。

作者簡介

周慶華，文學博士，大學教職退休。出版有《語言文化學》、《死亡學》、《後宗教學》、《靈異學》、《生態災難與靈療》、《文化治療》、《解脫的智慧》、《君子學：後全球化時代的希望工程》、《《莊子》一次看透》、《靈異語言知多少》、《《周易》一次解密》和《諸子臺北學》等七十多種。

後全球化思潮叢書企畫

西方人所主導全球化的人口、金融、資訊科技和商品等流動現象的全球化風潮，在歷經幾個世紀的衝撞後已經快到強弩末端了。而當今許多綠能經濟的倡議，以及諸如中國、印度、巴西和非洲等的崛起，不啻在預告全球化必須走向下一步「後全球化」了。只不過綠能經濟所強調的再利用和開發新能源等觀念和作為，僅是轉成綠色資本主義還是老套，並非真有助於終結能趨疲（entropy，熵）的危殆；而第三世界的崛起，儼然一切以重構文明或再造文明的新意識在主導經濟和科技的運作，但情況卻無法這麼樂觀，因為西方強權所帶動的全球化就要耗用完地球的資源，第三世界崛起除了拾人唾餘，還得分攤環境汙染和生態失衡等後果，根本沒有什麼遠景可以期待。因此，所謂後全球化的後，它的意義就得越過這一新經濟和西方強權轉弱的假象而從逆反全球化來確立。

逆反全球化，在當今已有遍布於世界各地的原始主義、社會改良主義、民族主義、原教旨主義和馬克思主義等在策畫行動，但實際上它們被操作時僅是消極抵抗或不附和而未能極力批判，到頭來都成了全球化的組構成分而欲後無由。畢竟全球化背後的資本主義邏輯和軍事或文化殖民的征服等因由，才是當中的關鍵，反全球化就是要以它為對象；而如今所見的相關作為卻都是以另起類似的因由在籌謀對策，自然罕有成效可說。因此，只有徹底逆反全球化，才是大家能夠繼續在地球上存活的唯一保證。

基於這個前提，後全球化必須有周密且強而見力的思維來領航，以便人類知所從新安頓生命和永續經營地球等，開創性自是此中最大的期待。以致這裏就有了後全球化思潮叢書的企畫構想，凡是直接思索後全球化當如何的，或者可以跟後全球化需求相涉相發的，或者看似有距離實是在引領新一波思潮的專著，都竭誠歡迎。

在直接思索後全球化當如何的和可以跟後全球化需求相涉相發的專著部分，乃依需訂題；而在看似有距離實是在引領新一波思潮的專著，則可取例如下：新符號學、新敘事學、新語言學、新詮釋學、新宗教學、新倫理學、新形上學、新儒學、新道學、新佛學、新仙學、新神學、新靈學、新文學學、新藝術學、新美學、新科學哲學、新知識學、新政治學、新經濟學、新資訊學、新電影學、新趨勢學、新人學、新物學、新心學、新宇宙學、新生命科學、新老人學、新環境生態學等。

編輯部

序：另類的藝術寫照

從來藝術都以一高華姿態面世，予人特多審美享受，為世上知識經驗／道德經驗以外第三大經驗。此經驗著重在趣味的營造和炫異，事涉美醜價值的估定取捨，已跟前二者所關連的真假／善惡市值競逐有日，甚至在被恆久需求性上還要略勝一籌。

然而，由此一藝術總綰的審美經驗，卻因世人僅當它但存活於現實中而鮮知別有來自靈界相關機制的控勒，致使藝術從產出到接受一直為意外變項所左右，無法給予有效的觀照解決或填補罅漏，徒然造成一門藝術學「鷹視缺位」的莫大遺憾！

以位居優位的創作（產出）來說，藝術越臻上境，成就它所需的才氣越顯重要；而此才氣除了自我稟靈內蘊，再來就是外靈助益。此類助益，有的借體而展現，有的啟導而複製，有的協商而促進，管道多元，價值也不一。這都要細密勾織，以發微藝術的另類寫照，而為藝術的新看待方式張目，以及給藝術教育預留一個彈性空間。

這所能取則的，自有史例斑斑且跡證可感；而相關爬羅剔抉所得備足的理論資源，也不乏陳案在先而為我統轄論定，諸如《靈異學》／《靈異語言知多少》等集中詳示及《中國符號學》／《語用符號學》／《新說紅樓夢》等間為據例著範，幾已全機遇在此書中生效。因此，所布列的〈新學科的召喚〉／〈概念界定〉／〈靈異藝術成學的緣起〉／〈靈異藝術可能的分布〉／〈靈異藝術的造就評估〉／〈靈異藝術的功能〉／〈靈異藝術的文化意義〉／〈新學科的新希望〉等論綱及其細目設定並據為暢論的，無疑能自成一門可名為「靈異藝術學」的新學科（既是科別又能當書名）。規模已具，理解藝術又增多一殊異途徑。

有此一殊異途徑，便能進一步從所貞定的「跨域差異的察覺」／「相仿效或相涵化的可能性辨識」／「美感益世的從新出發」等文化意義而繁衍出「靈異藝術學成立後的學科調整」／「靈異藝術學伸展時的兩界互動蘄嚮」等新希望，一門新學科終於嫣然底定。

周慶華

目　次

後全球化思潮叢書企畫／i
序：另類的藝術寫照／v

第一章　新學科的召喚／1
第一節　繆斯出場見證後／1
第二節　藝術從此得關連靈異／6
第三節　靈異藝術學跟著要立案／14
第二章　概念界定／19
第一節　靈異／19
第二節　靈異藝術／31
第三節　靈異藝術學／43
第三章　靈異藝術成學的緣起／57
第一節　理論和現實的需求／57
第二節　權力欲望的發用和文化理想藉以寄存／64
第三節　反向立說姑予期待實現／69
第四章　靈異藝術可能的分布／79

第一節　夢感類／79
第二節　醒時被借體類／85
第三節　通靈成就類／93
第四節　外靈自煥邀名類／105
第五章　靈異藝術的造就評估／113
第一節　複製尚低一級次／113
第二節　協同促成定格／120
第三節　勉力進益高華無比／129
第四節　逕炫異還看價差／138
第六章　靈異藝術的功能／147
第一節　摶成才的審定依據／147
第二節　造就藝術生發演變的判準／154
第三節　有助於創作和接受經驗的昇華／165
第四節　可給藝術教育留一彈性空間／175
第七章　靈異藝術的文化意義／183
第一節　跨域差異的察覺／183
第二節　相仿效或相涵化的可能性辨識／194
第三節　美感益世的從新出發／203

第八章　新學科的新希望／217

第一節　靈異藝術學成立後的學科調整／217

第二節　靈異藝術學伸展時的兩界互動蘄嚮／228

參考文獻／237

第一章　新學科的召喚

第一節　繆斯出場見證後

藝術緣何而起，始終是好異者所關心的課題，卻又儘無能探得真切，以致蹉跎至今它仍然停留在「事出有因，查無實據」的階段，而徒讓其他人跟著揣測紛紛。

即使如此，在眾臆度中還是會有某些較合理則的說詞躍居顯眼位置，如「天縱英才」／「天啟英才」一類源出觀，就各自佔有難以駁斥的地位。前者（指「天縱英才」）的先天具備特性，一向不勞繁徵；後者（指「天啟英才」）的後天感應特性，也不乏實證基礎，彼此都冒有天才實名又暗中在互別苗頭（誰說的比較實在）。所謂：

> 學問有利鈍，文學有巧拙。鈍學累功，不妨精熟；拙文研思，終歸蚩鄙……必乏天才，勿強操筆也。（顏之推，1978：20）

> 有天才的人、詩人、哲學家、畫家、音樂家都有一種我不知道是什麼的特殊、隱密、無從規定的心靈的品質；缺乏這種品質，人就創作不出極偉大、極美的東西來。（華諾文學編譯組編，1985：118 引狄德羅語）

這一「必乏天才，勿操強筆」／「（缺乏天才）人就創作不出極偉大、極美的東西來」的考索，就反面提撕了前者的說法，幾乎難可移易，畢竟相似的論調已多到數不勝數（寒哲〔L. J. Hammond〕，2001；波恩－杜貞〔M. Bohm-Duchen〕，2004；約翰遜〔P. Johnson〕，2008；陶伯華等，1993；張毅清等，2011），想否定它還得花費不少力氣。又所謂：

> 對許多靈學研究者來說……許多通靈藝術作品都令人印象深刻；不但是作品本身，更因為它們所呈現出來的風格和原創的偉大藝術家非常接近。不僅如此，有些通靈

> 藝術作品不管是在風格的多樣性和質量的比例上，都令人嘖嘖稱奇。（劉清彥譯，2001a：50～51）

這一「神成藝術家」的見識，就正面驗實了後者的說法，有同感者自能指證歷歷；而依所累積的偌多案例（赫伯金〔B. Hopkins〕，2004a；蘭德爾〔D. K. Randall〕，2013；桐生操，2004；林在勇，2005；欒保羣，2013；南山宏編著，2014）來看，也由不得人不信。

上述二說各自所結穴的天才實質，演現後都有藝價標高的特徵（縱是一為「與生俱來」一為「感靈而有」）。這在不分彼此的具力差異（或較量說法的實在性）時，就都歸給神靈（或鬼靈）的眷顧，當那些人獨蒙榮寵而被鑠定啟導出眾了。只不過前者已無從追踪（誰也沒辦法尋繹出當事人與生俱來多少才份），但剩後者不斷在向人暗示外靈介入藝術創作的高昂興致。

此一高昂興致，從古希臘時代詩藝興起以

來，就沒少過在摻和顯能且旁衍擴及其他領域。如柏拉圖（Plato）的文藝對話集〈伊安篇〉提到詩人是一種充滿磁力且長著羽翼的神聖物，除非受到啟示，否則寫不出詩來，因為讓他吟出詩句的不是技藝而是神的力量（柏拉圖，1986：36～38）。這往前諸證荷馬（Homer）的史詩在每部開卷都留有一段向文藝女神繆斯（Muses）祈求靈感的話（荷馬，2000a；2000b）已是不假；往後察考眾藝術門類間有逞才立異跡象的比數仍多（肯納〔T. A. Kenner〕，2009；視覺設計研究所，2009；並木伸一郎，2016），使得現存的一切審美經驗很難不為它保留一個超常的變項。

這在後人還將該變項分由九個繆斯所掌控：卡利俄珀（Calliope），主司史詩；克利俄（Clio），主司歷史；厄拉托（Erato），主司抒情詩和贊歌；歐忒耳珀（Euterpe），主司長笛；墨爾波墨涅（Melpomene），主司悲劇；波呂許謨尼亞（Polyhymnia），主司演劇、音樂和舞蹈；忒耳普西科瑞（Terpsichore），主司抒情詩和跳舞；

塔利亞（Thalia），主司喜劇；烏拉尼亞（Urania），主司天文（克里斯托〔D. Crystal〕主編，2000：708）。雖然詩人或其他藝術家仍然可憑己力自鑄偉貌，但在眾靈掩至強為左右希巧事成真的情況下，人的本事究竟還存剩幾分就不好說了。

正由於有繆斯出場見證，而讓古希臘時代一度繁茂的藝術（貝洛澤斯卡亞〔M. Belozerskaya〕等，2005；蘇利〔S. A. Souli〕，2005；閣林製作中心編，2010a）人控色彩淡薄了許多，致使後來陸續在其他地區發現（或早或晚）的類似案例（佳慶編輯部編譯，1984；閣林製作中心編，2010b；閣林製作中心編，2010c）也無不要同等看待（只是背後的神譜不一樣而已），相關的解會才能恰到好處。此外，如果有什麼因應對策必須研練出來，那麼也得先探知這一波的機遇如何方可底定。

第二節　藝術從此得關連靈異

眾藝術中或許屬詩的成製難度較高，特別能滿足繆斯藉以炫技的需求，馴致有柏拉圖文藝對話集〈伊安篇〉所說的「（詩神就像磁石）她首先給人靈感，得到這靈感的人們又把它遞傳給旁人，讓旁人接上他們，懸成一條鎖鍊。凡是高明的詩人，無論在史詩或抒情詩方面，都不是憑技藝來做成他們的優美的詩歌，而是因為他們得到靈感，有神力憑附著」（柏拉圖，1986：37）。神力附在人身上使他迷狂（狂歡）而吟唱出詩（歌），這詩（歌）有韻節和優美詞句等就一起顯揚了詩神高超的才藝。

類似的感靈情況（或說神靈的入戲興致濃厚），已甚為普遍。如另一〈斐德若篇〉所載，連人誦讀詩及論斷愛情等也會有神靈憑附著（柏拉圖，1986：159、163）。而依所歸納，神靈憑附的迷狂可分成四種：「預言的、教儀的、詩歌的、愛情的。每種都由天神主宰：預言由亞波羅，教儀由達奧尼蘇斯，詩歌由繆斯姊妹們，愛情由阿弗若第特和愛若斯。」（柏拉圖，1986：205）如此一來，藝術不關連靈異也難。

這種關連，依實情不僅上述神附（被借體）一類，還有夢感／通靈對接／自煥等多種狀況（詳見第四章）。它早已在人類社會觸處可見效驗著（西爾瓦〔F. Silva〕，2006；穆尚布萊〔R. Muchembled〕，2007；法林頓〔K. Farrington〕，2007；麥克肯恩〔C. McCann〕，2009；白川靜，1983；周策縱，1986；張開基，2000；劉清彥譯，2001b；金沛星編著，2014）；但遺憾的是「研究者和懷疑論者通常會以壓抑的創作能力或潛在的第二人格解釋這種通靈藝術創作的現象。也許我們永遠無法得知這種事發生的原因和方法。跟其他那些超自然現象相較，這種靈異現象不但完全沒有傷害，還可以產生許多美麗的藝術作品」（劉清彥譯，2001a：54）。當中有甚多尚待釐清的問題，自然也隨這一還只是表顯的憾事常存了。

基本上，藝術為審美對象所繫，勾動人的情緒深且久遠。它跟知識對象所繫的哲學／科學或道德對象所繫的倫理／宗教比起來，特別有一種神祕的魅力（魔力）。這種魅力，曾被讚嘆連連卻又渺不知來由。所謂：

> 從蘇格拉底（Scorates）到偵探小說家錢德勒（A. B. Chandler）筆下的惡棍，每個人都為美而心折。古羅馬詩人奧維德（Ovid）稱美是「諸神的贈禮」，全世界的人都在追求美的魔力。美一直是道讓人屏息的謎，它的光彩奪目，讓許多藝術家動容。科學已經告訴我們，美是多種元素構成的奇怪之物，非大部分人所能理解；研究人員現在仍在探索美為何有如此大的力量，美到底是什麼東西。（麥克奈爾〔D. McNeill〕，2004：7）

這美惑說不啻代大家道出了心中那一難以言喻的痴迷感受。甚且有人還戲謔的述及他「有一股既瘋狂又崇高的欲望，想要把美給宰了」（丹托〔A. C. Danto〕，2008：94引查拉語）；而愛到極點連命也不顧了「數百年來，藝術史學家一直對這幅畫〈蒙娜麗莎畫像〉深感不解……1852 年，法國一位年輕藝術家在寫完以下文字後，從巴黎旅館四樓的窗戶躍身而下。他寫到『多年來，她的微笑令我相當掙扎，現在我寧可死去』」（韋斯曼〔R. Wiseman〕，2008：76）。這都一致的沉浸在美中而無法自拔。

對於藝術這一美物，向來被討較創作時儘關連著心理／社會／經濟／文化等層面而無暇（或不知）旁顧其他（索羅斯比〔D. Throsby〕，2003；海布倫〔J. Heilbrun〕等，2008；亞歷山大〔V. D. Alexander〕，2009；朱光潛，1988a；陳秉璋等，1993；丁亞平，1996）。即使有人知道藝術創作有潛伏期「但發生在『暗』處者，不容作正常的分析，而且喚起古怪的神祕感來遮蓋天才的作品：人們於是得有必要訴諸神祕論，祈求繆斯的聲音來解釋」（契克森米哈頓〔M. Csiksentmihalyi〕，1999：121）；然而一旦進入後設思辨層次卻是逕直的論及上述那些變項，跟他處有關藝術哲學的設想相去不遠（丹納

〔Hippolyte-Adolphe Taine〕，2004；貝維拉達〔G. H. Bell-Villada〕，2004；凱斯特〔G. H. Kester〕，2006；夏呂姆〔Jean-Luc Chalumeau〕，2007；姚一葦，1985；曾祖蔭，1987；張法，2004）。殊不知藝術最奧妙難解的部分莫不要跨向靈界找答案（現實界已無處可著力），而相關論述乏能或忌諱稍事牽涉，這所喪失的不僅是那現成解數徒遭埋沒，更是進益藝術管道的恐將永遠尋索無門。

深入一層看，藝術創作所依恃的才，凡是有與生俱來的，也幾乎都得靠神靈的愛惜護佑，方能維持在創作平臺上的慣使無礙（或說才的施展想適得其所而不致亂套，很難沒有神靈在終極上或關鍵時刻予以愛惜護佑）。這有個例子可以佐證：相傳黃帝史官倉頡造字時「天雨粟，鬼夜哭」，前人的注解以為「倉頡始視鳥迹之文，造書契，則詐偽萌生。詐偽萌生，則去本趨末，棄耕作之業，而務錐刀之利。天知其將餓，故為雨粟。鬼恐為書文所劾，故夜哭也」（高誘，1978a：116～117）。這以天神（自然靈力特強者）會憐憫和鬼靈會駭怕來看待倉頡造字一事，很明顯嫌消極且無所本（更何況它還倒果為因：就是人本就會詐偽，文字不過是方便為所利用而已；但它卻反過來以為有了文字才行詐偽，不啻顛倒了因果關係）。同樣是臆測，為何不轉積極而把「天雨粟」視為是天神對倉頡能造字的獎賞而將「鬼夜哭」當作是鬼靈對原同類卻比自己強甚的倉頡能造字的感佩（喜極而泣）（周慶華，2006a：79）。理由就在於「人情」通「神情鬼情」可如此類推以得：依中國傳統氣化觀型文化明示，造字一事所以可能（即使沒有倉頡這個人，我們仍然可以推得文字一類被造物的受造歷程），就是人稟靈（精氣）的結果；由於人稟靈，內蘊有造字的潛能，所以在他努力發用後經過神靈的鑑識肯定（神靈本身就有這個能耐，才會降下粟米獎賞造字的人），接著連那些活著時潛能不彰或欠深的鬼靈也要感佩，從而能夠成就一件輾轉醱酵真善美的文化偉業（周慶華，2009：53）。

上面這一解，使得才會／神護的關係可以

順理成章的建立起來，而藝術原有或應有的雙重保障（天才／天佑）也終於有了著落。因此，在漢武帝時代曾發生過的一件公案（帶美類藝術）「孝武帝時，聚會占家問之：『某日可取婦乎？』五行家曰可，堪輿家曰不可，建除家曰不吉，叢辰家曰大凶，曆家曰小凶，天人家曰小吉，太一家曰大吉，辯訟不決。以狀聞，制曰：『避諸死忌，以五行為主。』」（司馬遷，1979：3222）便不難援例而得以了解：就是五行家已先比對過兩造的五行無相尅情況，才研判娶婦一事可成（乃「天作之合」）；而漢武帝也相信（或想賭一把）既然是「天作之合」，那神靈也當要護佑二人的美事到底才有理則（何況還有會看天象的天人家／太一家在旁邊附和可以壯膽），所以就放心付諸行動了。這不就是那雙重保障說的再現麼！

可見與生俱來的才藝已經關連靈異，而該才藝能持續不輟或轉生光華，更是離不開靈異（神靈從旁愛惜護佑或別為挹注），寖假二者乃合而為一難分彼此了。於是「藝術從此得關連靈異」一理就具有必然性，不再是機遇或偶現一類的泛泛意見（如前引眾著作中常會流露的）所能輕易取代。

第三節　靈異藝術學跟著要立案

自從繆斯出場見證藝術的希巧事制約於神靈後，有關才藝的來由及其持續不輟或轉生光華等，莫不深為關連靈異而難以僅從現實因緣給予盡情解釋，以致一門可稱作靈異藝術學的新學科也要跟著成形。

這是說對於藝術所見人控色彩淡薄的解會，以及有什麼因應策略必須擬定研練出來等（詳見前兩節），都需要靠新立一門靈異藝術學來深入理解；而先前當值卻罕聞有此類學科的，如今就得加以召喚且讓它跟現實學科一樣自然成案。

後者（指新立靈異藝術學一樣要自然成案），乃因古來只有個別案例著錄流傳，尚未見統攝論說成形，而現在逕予發微便是首倡；致使召喚一事在條件相似且沒有例外情況下必然形現，世上終究要有這麼一個新學科俱在來董理相關情事。

就以前節所述倉頡造字的連類為例，文字

（語言）此一藝術媒介（文學靠它直接實現；其他藝術以它為參考模式）不無跟靈異卯上關係，而這跟它頗有對比效益且明著由靈異摻和在主導的西式語言變異故事，已經早有文獻紀錄而得予以周延的解釋（這種解釋就是學科形態的）：

> 那時天下人（挪亞的後代）的口音、言語都是一樣的……他們說：「來吧！我們要建造一座城和一座塔，塔頂通天，為要傳揚我們的名，免得我們分散在全地上。」耶和華降臨，要看看世人所建造的城和塔。耶和華說：「看哪！他們成為一樣的人民，都是一樣的言語，如今既然做起這事來，以後他們所要做的事就沒有不成就的了。我們下去，在那裏變亂他們的口音，使他們的言語彼此不通。」於是耶和華使他們從那裏（示拿地）分散在全地上，他們就停工，不造那城了……所以那城名叫巴別（就是變亂的意思）。（香港聖經公會，1996：9）

首先在解會上，這被後人理解為是人類語言所以高度分化（據統計全世界出現過的語言約有6000 種）的一個可能的原因（白馬禮〔Mario Pei〕，1980；平克〔S. Pinker〕，1998；佛隆金〔V. Fromkin〕等，1999；克里斯托，2001）。而它跟中國傳統氣化觀型文化所見的泛靈信仰必須把造字權（語言隨後）歸給同樣屬靈的「人」大不相同。前者所屬西方創造觀型文化中的單一神信仰已經將語言能力當作是造物主造人時所賦予；而造物主要以變亂口音的方式來懲罰人的妄自尊大，也是順理成章的事（神能恩賜就能奪取或改易）。後代子孫爭氣要重建巴別塔（形諸西方人長久以來所試圖統一語言／學術／政治／經濟等種種生活方式的作為），則又見證了現實界和靈界畢竟要互通的道理。雖然西方人只是努力將受造時所稟持的語言能力發揚光大（他們發明字母來紀錄語音，只是為了存真，跟中國傳統人造字以見自發能耐同量不同質）。但這一輾轉表現卻一樣顯示了靈異經驗從來處來推想的合理性（周慶華，2006a：79～80）。其次在評斷上，這個案例所見的靈異語言「看哪！他們成為一樣的人民，都是一樣的言語，如今既然做起這事來，以後他們所要做的事就沒有不成就的了。我們下去，在那裏變亂他們的口音，使他們的言語彼此不通」，很明顯是屬於指涉人所不知的靈界事那一類型，它固然還有待檢證（其實已無從檢證／只能權為相信），但對於內裏蘊涵的「人類的語言分化混亂，乃神懲罰人類妄自尊大而變亂他們的口音所造成的」一個認知命題，在相對其他諸如語言因地域隔閡而衍變／語言本就隨人類散居各地而歧異等講法（謝國平，1986：24）也同樣無從查驗來說，它仍自具一格而備有真的價值，可以進駐擴衍人的知識域範疇，被人所擇便領受（周慶華，2020a：42～43）。

　　不論是解會還是評斷（或是緣此延伸出去的其他議定），都需要像靈異藝術學這樣的學科才能加以有效的論述（所有懷疑論者或不可知論者的詆諆只是在逃避問題）。因此，繼「謬斯出場見證後」／「藝術從此得關連靈異」後出示的「靈異藝術學跟著要立案」知見，所要使召喚新學科成真一事，就著實的理從義明而毋須再另覓依據了。

第二章　概念界定

第一節　靈異

既然靈異藝術學跟其他學科一樣要自然成案，那麼此地的首倡發微理當也得為相關概念做點界定（以便可以無礙用於指稱）。而這依所新立「靈異藝術學」此一名義予以拆解，自有「靈異」／「靈異藝術」／「靈異藝術學」等遞進概念需要疏通。現在就按序先說「靈異」。

靈異是中文的慣用詞，起源甚早（中古時已見）。如「（干）寶兄嘗病氣絕，積日不冷，後遂悟，云見天地間鬼神事，如夢覺，不自知死。寶以此遂撰集古今神祇靈異、人物變化，名為《搜神記》」（房玄齡等，1979：2150）／「耆域者，天竺人。周流華戎，靡有常所；而倜儻神奇，任性忽俗，迹行不恆，時人莫之能測。自發天竺，至于扶南，經諸海濱，爰及交廣，並有靈異」（慧皎，1974：388 上）等所述及的就是。這分別被辭書解釋為「靈異，猶言神怪」（臺灣商務印書館編審委員會編，1978：2285）／「靈異，靈妙不可思議之事」（丁福保編，1992：2978）。此一定位，僅針對名詞性而說：這時的靈異，經添詞後就可以說是「靈現異象」。但靈異還可以是「感靈駭異」或「神靈怪異」的縮稱（其實是比照上例為靈異的添詞），這時它就變成了動詞或形容詞。如有人所隨文稱說的靈異傳奇／靈異經驗／靈異世界等（康克林〔S. R. Conklin〕，2004a；黎國雄，1995；劉清彥譯，2000；高橋宣勝，2001），就分別扣住或應了靈異的名詞性／動詞性／形容詞性等。它們雖然詞性有別而不宜混淆，但總關連一個非肉體式的實體及其顯現超常的行為問題（周慶華，2006a：1～2）。

這個非肉體式的實體「靈」和它所顯現的超常行為「異」，持肯定態度的人，都說它是實有且可經驗的；而持否定態度的人，則又搬出科學不能檢證一類理由來搪塞，導致一個靈異問題還沒成形就先碰壁爆裂而得勞有心人來綴合繹理。因此，由界定概念所會一併發出的問題形式「靈異是什麼」或「靈異可以成為什麼」，在設定上就是基於靈異已經被「紛紜其說」而再有所說就得「分疏得宜」這一前提，它要在論說的起點擔任一個控管或先發的角色。倘若不為這個，那麼它至少也是立論的開端，所要收攝的是靈異可能被發掘論斷的成果。且看世上有所謂涉及外靈附體或涉及惹靈撞邪或涉及靈數流轉的現象（貝克〔C. B. Becker〕，1997：10；高橋宣勝，2001：3；康克林，2004b：102～104），對外人來說都不是很容易就能夠信以為真；但它的言說的實在性以及當事人的人格保證（當事人不必冒因說謊而可能被或許存在的靈界懲戒機制處罰的風險）等，卻又難以否認（周慶華，2006a：3～5）。於是此地所要說的靈異，毋乃也是源自既有相關經驗的激勵：一方面為還在信見歧路上的人袪疑解惑；一方面為一種可能的（神祕）知識的建立奠基。

基本上，靈異都由感應而來，所顯明的該靈現異象／感靈駭異／神靈怪異等三種情況，彼此既分立又有交集（也就是靈現異象所指外靈出現時會給人驚奇或警惕；感靈駭異所指有感靈經驗的人看到外靈會駭怕或疑惑；神靈怪異所指外靈現身時人會覺得奧妙或炫怪，這只是外在的詞性有別，實則內裏所感應的靈異並無大殊），可以圖示如下（周慶華，2020b：57）：

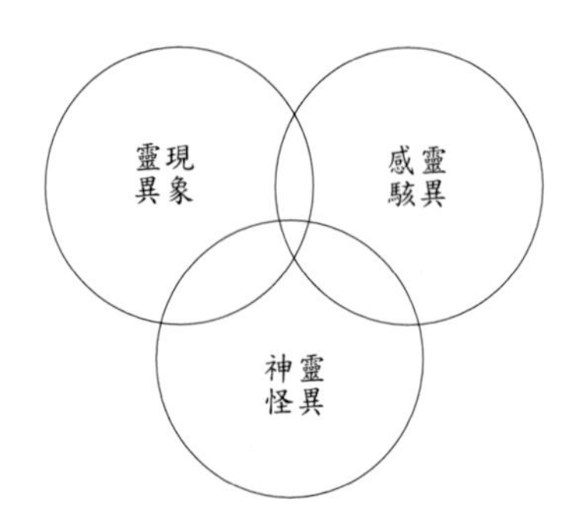

也就是說，不論是靈現異象還是感靈駭異或是神靈怪異，都只是相對上成立，彼此仍會有分不清的模糊地帶。而該模糊地帶，就成了它們的交集所在。而不論如何，靈異的可感性在綴合繹理上早已有成案可以擬比而沒有理由不加以肯定。別的不說，只談自古流傳下來的如《列仙傳》、《神異經》、《十洲記》、《洞冥記》、《神仙傳》、《搜神記》、《續搜神記》、《枕中書》、《佛國記》、《洞仙傳》、《述異記》、《續齊諧記》、《還魂記》、《神仙感遇傳》、《墉城集仙錄》、《續仙傳》、《疑仙傳》、《三洞羣仙錄》、《歷代真仙體道通鑑》、《三教源流搜神大全》、《神仙鑑》、《神怪大典》、《聊齋誌異》和《閱微草堂筆記》等神仙鬼怪傳奇（紀曉嵐，1977；蒲松齡，1984；王謨輯，1988；蔣廷錫等編，1991；捷幼出版社編輯部主編，1992），以及發生於世界各地的神祕奇妙異聞（康克林，2004a；2004b；2004c；2004d；2004e；2004f；2004g；2004h），就很難使人不警醒這個世界真的無奇不有而還固著於耳聽目見的那些世學呢！

　　這主要是要為靈異經驗進入學問領域預留階次；它所得再自我表白的，大概是靈異經驗的定格性。也就是說，靈異經驗不論是靈現異象的描述，還是感靈駭異的體驗，或是神靈怪異的定位，都得再進一步說「靈」究竟是什麼靈以及「異」到底是如何異，方有沿興繼續暢論的可能（否則很快就會因不明所指而卡關）。這一點，可以蒐羅成材來交代：在靈方面，大抵不出神靈、人靈、鬼靈和物靈等範圍。它們彼此之間的關係，約略是神靈為純不依附他物的自然靈；而有些自然靈遇機得著了肉體後就變成人靈；人靈在所寄存的肉體死亡後又恢復為自然靈，但因為它有過一段時間拘束在肉體內，已經痴重了，所以不再跟輕敏的自然靈同級而僅稱為鬼靈（至於鬼靈因故而升級為「神」格的，另當別論）；鬼靈沒有固定居所而一如現實中的流浪漢的，就姑且稱它為幽靈（這是西方人的常用詞）；至於物靈，它也是由（不同層次的）自然靈轉來寄存於物體內，包括山魅、水怪、樹妖、石祟、蛇精、狐仙等尋常可見的稱呼（它們多半也會被合稱為精靈；或者精靈另指物靈半附不附物體的自然靈）。而這可以一個簡圖來表示：

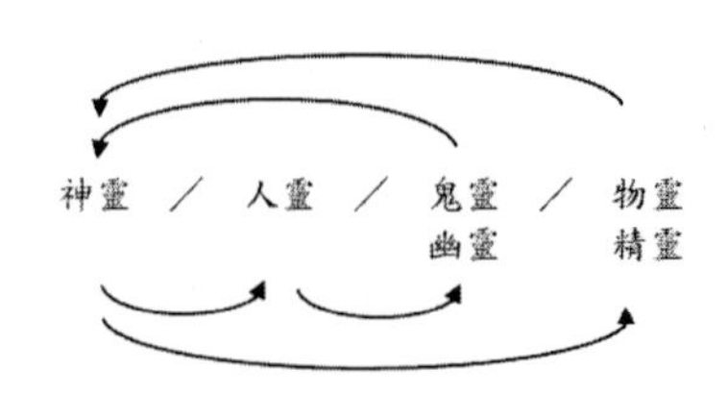

這是由靈肉分離論所保證的（周慶華，2006a：9），不但具見於各宗教系統的伸說，還有世上並存無腦人和無頭人（威爾科克〔D. Wilcock〕，2012：159～160；慈誠羅珠堪布，2007：20～22）也可為旁證。另外，古來始終備列的甚多出體、換魂、降靈和招魂等案例（孟羅〔R. A. Monroe〕，1993；赫伯金，2004b；劉清彥譯，2001c；張開基，2000；施寄青，2004；索非亞，2010），更能提供所要的指實。在異方面，它是特就人「見怪而怪」而說的（其他的靈也許無意為怪）；這只針對眾靈超出平常範圍而被人感覺到的來作限定，此外就不擔保它的靈界同一認可性。再來倘若有人歧出「見不怪而怪」或「見怪而不怪」的話，那麼不妨將它視為特例而隨意兼說，或者乾脆就予以存而不論（周慶華，2006a：10）。

此外，靈異概念作為新學科的基本成分，它的可類比對象，則在剛性知識如科學所給事物的判決。原來對於靈異所透顯或徵候的神祕世界，講究科學實證的人幾乎都會否定它的存在（勒埃珀〔F. A. Leherpeux〕，1989；齊達〔T. Kida〕，2010；卡羅爾〔S. Carroll〕，2017；費鴻年，1982；許地山，1986；成和平，2007；林基興，2016）。但這種否定，也只是緣於它的檢證不易或事涉虛幻，而無法對它的質從根本上予以清除。換句話說，科學可以檢證的事物的質和被宣稱為無法檢證的靈異的質是相通的，它們都可以經驗，也都能夠操縱（就靈異來說，不論它是被靈界操縱還是被現實界操縱，都不離本體成分）。倘若有人不承認這一點，那麼他就得面對有很多事物也仍無法檢證（如最小的物質和最大的宇宙之類）和有些人已經可以感應靈界事件的弔詭難題；更何況科學界也逐漸在探索靈異這個神祕世界而開始有成果發表（法林頓，2006；西爾瓦，2006；塔克〔J. Tucker〕，2008；史威登堡研究會，2010；羅斯〔A. A. Roth〕，2014；韋伯〔A. L. Webre〕，2017），旁人豈能一味的斷然否定靈異的存在？事實上，這裏面還有一個要不要檢證的科學心理學的問題。原則上，在科學領域不但相關知識的源頭無從確定（科學知識都有先肯定的預設或隱知，而新發現也需要大膽的想像和猜測），連所有檢證過程也缺乏可靠的保證（不論是事實的觀察還是真實的研判或是實際狀況的體驗，都是非難明）（普列希特〔R. D. Precht〕，2010；霍爾特〔J. Holt〕，2016；德沃金〔R. Dworkin〕，2016），所以科學知識也得排除有所謂絕對客觀的檢證標準。至於常人還對科學知識抱以可給予檢證的信念，那也不過是大意以檢證本身最多具有的相互主觀性為絕對客觀性罷了。這樣有關靈異經驗的檢證，也就沒有理由宣稱它不可能。舉凡人的感知、信念和後設思辨能力等，都可以成為檢證靈異經驗的依據；而它同樣不具絕對客觀性缺憾的自我察覺，則不妨轉由高度相互主觀性的追求（而期待更多具有相同背景或相似經驗的人的認同）來勉為彌補。也就是說，在一般的科學領域，對於無窮廣闊的銀河星海和極為細微的物質成分（如原子、電子、核子、中子、質子、介子、引力子、光子、超子、層子、膠子、中微子、陽電子、夸克和超弦等非肉眼所能看到的東西），都能夠依經驗和想像而推測它們的可能性，為何獨獨不能順從人有感知、信念和後設思辨能力等並為稟靈性徵而去推想其他同質的外靈的存在？因此，靈異經驗已經不是一個可不可以檢證的問題（因為它當然可以檢證），而是一個要不要檢證的問題。這要不要檢證的問題，所考驗的是我們廣知的意願和能耐，靈異經驗本身不一定會越級強求（但它可能會隨時蠢蠢欲動向人討情）。如：

> 當他們到達謝克（原名未附）因意外車禍喪生的地方，便放下普通的答錄機於草堆中，開始按下錄音裝置，一個鐘頭後，他們收聽到令人驚異的內容：「到這裏以前，我一直希望能和你見一次面，誰知竟然發生了這次的意外……」足球選手一聽，果然是他的朋友謝克的聲音，而且謝克似乎就是在和足球選手訴說……（赫伯金，2004b：85～87）

這是一位足球選手在聽聞一羣科學家正在做「**在死者當時死亡的地方，如果他的靈魂仍然停留在該處，就可以錄到他的聲音**」的實驗後，特地請他們來為他在車禍中喪生的夥伴做錄音。這可以視為檢證了鬼靈的存在；而所藉助的電子器材則更有益於該檢證的信度和效度的建立。此刻我們的信或不信，就看我們願不願擴充知識向度到非現實經驗的領域；而該案例中所顯現當事人的靈異經驗，則形同是在向我們施壓而得勉為應對（以免自己遭遇類似的情況而不知道怎麼反應）。至於還有其他能夠採擇的檢證途徑如心電感應、靈通、夢感和執念信仰等，那就隨各人方便而毋須再詳加敘說。可見所需要的排除檢證路上的障礙，就是指這一心理袪疑。它所排除障礙後的接受認同，就像科學實證在相互主觀下的可以信賴。而這種信賴，在相當程度上是為了相關學問的建構：當中靈異經驗的知識化，也就在這一波的類比科學中成形，沒有人有足夠的理由說那是「荒誕不經」或「無稽之談」。因此，只要在理論上有廣知或新添一學科的需求，靈異經驗就能夠為它尋繹建構而成立，正如現實中的學科一但有增衍的空間就會順勢冒出那般，實在不必對它有過多的疑慮，就讓該確可鍛鑄偉貌的神祕色彩自動廁入學科叢林而別為曜光（周慶華，2020a：18～20）。

第二節　靈異藝術

接著說「靈異藝術」。這雖然由靈異和藝術二詞組成，但語意僅為「靈異的藝術」（而非靈異加藝術或靈異內蘊藝術），仍屬於單一概念（雙詞組的單一概念），跟一般的純複合概念有別。

此一概念因為有個先在的藝術（先有藝術而後才有靈異藝術；反向則得別為創設），所以在界定上自然（或最好）要從藝術談起。藝術有「藝」（才藝）和「術」（技術），可知它不同於無藝無術的素樸物或成品。而這較白話的說法是，將媒介或媒材（如文字／顏料／音符／木石／絲竹／肢體／金屬等）予以額外加工而成為美的對象（周慶華，2007a：134）。這在人知道這麼做的，能在才藝；而確實做得出來的，功在技術（技巧），合而塑造出一種獨特的門類。

這種門類，跟同帶門類性的思想／信念／價值觀等既成一交集關係（不交集處在技術部分），又能自鑄穎新，在凡俗中最能立異顯奇。以存有學的立場來說，它明著備具心理存有／社會存有／美感存有等而為一個綜合知識體（前二者分屬思想／信念／價值觀等範圍；後者自我專屬，仍可認知）。這一綜合知識體由於來源帶有強化版的感性體驗（跟通常的喜怒哀懼愛惡欲等感性體驗有差等），以致都會歷經一段表現過程（將思想／信念／價值觀等藉由相關媒介加工予以呈現）。於是為了方便辨認，就依此表現形式而區分為實用藝術（如建築／園林／工藝／書法等）、造型藝術（如繪畫／雕塑／攝影等）、表演藝術（如音樂／電影／電視等）和語言藝術（如詩歌／散文／小說等）等，或者區分為時間藝術（如音樂／文學等）、空間藝術（如繪畫／雕塑／建築／書法／篆刻／工藝等）和綜合藝術（如舞蹈／戲劇／電影／複合媒體等）等（亞德烈〔V. C. Aldrich〕，1987；柯林烏德〔R. G. Collingwood〕，1989；厄列甚得〔V. D. Alexander〕，2006；郭育新等，1991；彭吉象，1994；陳瓊花，1995）。

當中文學常被獨立出來，其餘則一併歸為藝術。事實上，二者只是媒介相異，表現方式（加工情況）並無差別。因此，回到藝術的形態上，此地所指稱的藝術，除了文學此一類型，還有其他的類型。後者不僅可以不仰賴文字（語言）媒介，還可以自行開發新的媒介（如當今流行的數位藝術就是）（吳垠慧，2003；葉謹睿，2005）或綜合變形伸展（如晚近利用電腦特性創設的互動式故事）（格拉斯奈〔A. Glassner〕，2006）。而不論如何，它們所呈現同一感性的本質卻非行吟形態，也已經樹立或正在樹立更多異樣的生命，值得大家勻出心力來關注。

倘若撇開藝術可能蘊涵的實用性（如建築可供居住／園林可供休憩／工藝可供器使／書法可供傳意之類）而純就形式所顯現的藝術性來說，那麼我們就可以推許藝術是一般審美的典範。這種典範，是從「表現」的特徵來定位的。換句話說，它一開始就是為表演呈現而額外加工的，所以審美就以它為模本。大家知道，表現系統的表現觀，歷來論者的看法相當分歧：有的說表現是翻譯，有的說表現是直覺，有的說表現是表意的成分，莫衷一是（朱光潛，1981：91～93）。但不管是翻譯還是直覺或是表意的成分，表現都帶有額外加工的內在曲折性（即使是較特別的直覺說，也難以免除在相關遇合中情感和意象從衝撞到諧和的轉變歷程）。也就是說，它是刻意在表演呈現給人看或自我滿足的。這在其他藝術上主要是以象徵手法（文學還會擴及更加複雜的比喻手法）來展露它專事美感的表現能耐。致使有人才會這麼說：

> （藝術）以宇宙人生底具體為對象……化實景而為虛境，創形象以為象徵，使人類最高的心靈具體化、肉身化，這就是「藝術境界」。藝術境界主於美。（宗白華，1987：3）

藝術所擁有的審美位置，大抵上就是從這一執意表演呈現（表現一義的理當用法）的角度來確立。此外，還有集體性的審美欲求說。它是社會學家所帶出框限的（厄列甚得，2006；陳秉璋等，1993；滕守堯，1997），信守者恐怕也不少。但這種集體性的審美欲求所要推衍致力於「社會生活」和「社會學活動」的精緻化或高雅化，仍然要從個別的審美品味培養開始，造成集體的美感想望可能流於幻影。因此，藝術的審美位置還是得返回它所合適有的表現上。至於該表現是緣於個別的審美欲求或是也真有緣於集體的審美欲求，那就沒有一定的準繩可據以衡量導引，全看機緣而定（周慶華，2007a：133～135）。

所謂的靈異藝術，也是要在上述的審美特性範域內予以定位。它所摶成的綜合知識體已形成一種被賞鑑的知識（有美醜可說），跟其他單項知識體如可認取的知識（有真假可說）／受規範的知識（有善惡可說）等分屬不同範疇（周慶華，2021a：38～39），自不待言；而它所充足語意「靈異藝術乃外靈顯異介入操控或摻和主導的藝術」(詳見第一章第一、二節)中至要的主體「外靈」,也沒有疑慮要取前節所分辨過的來見義:就是除了神靈,還可以是鬼靈或不附體的物靈(人靈歸在大多受控的主體範圍,就不計了)。這樣靈異藝術就是緣亟欲開拓未知領域而設定的新概念,所賦予的遮進性意義將擔任新學科實際論說可用以跨界指稱的任務。也因此,前面所權做知識/道德/審美等表層性的形式區分(詳見第一章第二節),就得轉由這裏開列的可任取的知識/受規範的知識/被賞鑑的知識等深層性的質地從新予以標別(所歸結的各知識性,乃因彼此都能被論說分辨,差別只在向度或屬可加以認取或屬受制於規範或屬被賞鑑成就罷了),讓相關的議題討論得有可係聯處。

　　即使如此,靈異藝術概念中的藝術還有個地方不克盡意(有待疏通),這裏照樣得「有所說而後可」(如此才能確保靈異藝術一詞可以致用無礙)。這主要是有一項美感類型的問題橫梗著:依理藝術的表演呈現所營造的美感特徵,在不同的文化系統中自然會有所差異；而這種差異如果也發生在同一個系統中（不論是緣於內變還是緣於外鑠或是緣於其他因素造成），那麼我們約略就可以典範的轉移來看待。典範，在當代的科學哲學裏視它為常態科學所遵守的範式：「在某一段時間內，它們對於科學家社羣來說是研究工作所要解決的問題和解答的範例。」（孔恩〔T. S. Kuhu〕，1989：38）藝術領域縱然不必這麼複雜（涉及前後理念赤裸的革命對抗），但也因為審美觀的分歧而無不可暫且予以挪用。對於這一點，大體上還是得從相關美／美學的論述說起。美／美學的論述向來都以形態規整而見著於篇章：就是只要有不同劃分法發生的（門羅〔T. Munro〕，1987；福斯特〔H. Foster〕主編，1998；劉昌元，1987；潘知常，1997；張法，2004），都不乏典範在裏頭起作用，使得每一次第美感的轉變莫不著染上意識形態的色彩（至於還有更深的權力欲望此一終極促動者在強力扮演角色，那就不言可喻了）（周慶華，2007a：136～137）。

現在就以到當前（網路時代）為止所被規模出來（以語言藝術為模本）的優美／崇高／悲壯／滑稽／怪誕／諧擬／拼貼／多向／互動等九大美感類型作為美學的對象，稍微一探它們所內隱典範競爭的情況。換句話說，所有的美學的對象是這一切論述張力的關鍵，直接從它們切入不啻可以綱目俱收。而它在稍早，有些類型概念還被替換成境界或意境或風格或美的範疇（王夢鷗，1976；徐復觀，1980；王國維，1981；詹鍈，1984；姚一葦，1985）。這看來又是另一種競爭發言權的方式。但不管怎樣，這些美學的對象已經形成一種遞變的關係，如圖所示：

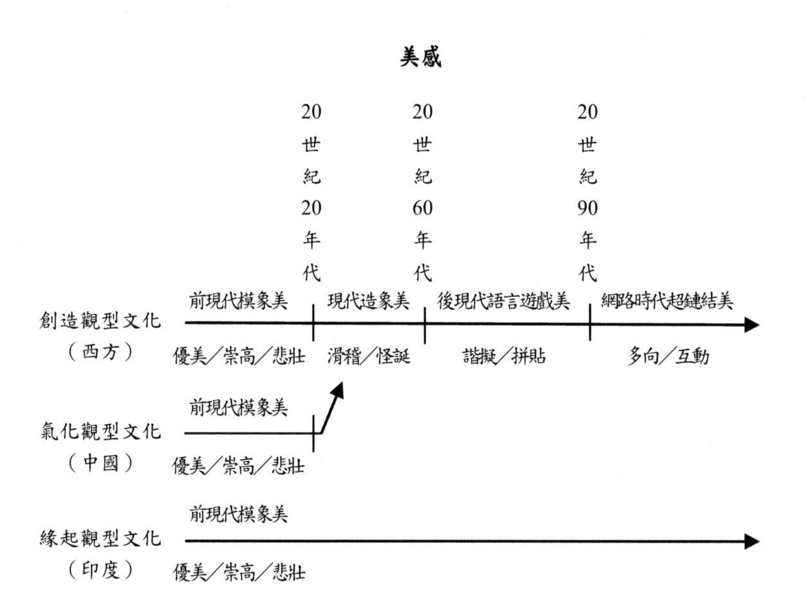

當中優美，指形式的結構和諧、圓滿，可以使人產生純淨的快感；崇高，指形式的結構龐大、變化劇烈，可以使人的情緒振奮高揚；悲壯，指形式的結構包含有正面或英雄性格的人物遭到不應有卻又無法擺脫的失敗、死亡或痛苦，可以激起人的憐憫和恐懼等情緒；滑稽，指形式的結構含有違背常理或矛盾衝突的事物，可

以引起人的喜悅和發笑；怪誕，指形式的結構盡是異質性事物的並置，可以使人產生荒誕不經、光怪陸離的感覺；諧擬，指形式的結構顯現出諧趣模擬的特色，讓人感覺到顛倒錯亂；拼貼，指形式的結構在於表露高度拼湊異質材料的本事，讓人有如置身在歧路花園裏；多向，指形式的結構鏈結著文字、圖形、聲音、影像和動畫等多種媒體，可以引發人無盡的延異情思；互動，指形式的結構留有接受者呼應、省思和批判的空間，可以引發人參與創作的樂趣。這不論彼此之間是否有衝突（按：在模象美中偶爾也可以見到滑稽和怪誕，但總不及在造象美中所體驗到的那麼強烈和凸出；同樣的，在造象美中偶爾也可以見到諧擬和拼貼，但也總不及在語言遊戲美中所感受到的那麼鮮明和另類），從造象美以下，幾乎都是以超越前出姿態存在的，從此就一起構成了一種遞相演變的關係網絡。這所得強調的是從現代派以後，都是一向為媲美上帝風采的創造觀型文化一系所疊代新創的。至於氣化觀型文化一系，從 20 世紀初以來就幾近停頓而轉向西方取經，自此沒了原有面目；而緣起觀型文化一系的相關表現本就不積極（但以解脫為務而不事華采雕蔚），也無心他顧，所以縱是略顯素樸卻也還能維持一貫的格調（即使如此，三系的前現代美感仍然各有質距，只是不便在這裏進一步詳論了）（周慶華，2007b：247～297）。

經過此番簡別，似乎可以讓本考索告一段落了。但又不然！我們會發現同樣在前現代模象範圍內的氣化觀型文化傳統和緣起觀型文化傳統的美感形態，都已經被相關論者過濾或忽略掉了；所剩下從特定型態的前現代模象美一直發展到網路時代超鏈結美，無一不是以創造觀型文化的美感表現為典範（並冀望普世人廣為踐行）。這麼一來，大家就看不到隨審美一體化欲求而來的種種不合理的抑制、收編、甚至扼殺等危機（這是特定審美觀獨大後必有的現象，卻容易被忽視）（周慶華，2007a：138）。

靈異藝術所會引發的審美欲求，一樣有上述該類問題存在。這對於期待它也能開啟安撫或紓解或激勵情緒途徑（這是藝術的一大功能所在）的人來說，理當要知所甄辨取捨（詳見後續相關章節），才不致錯亂迷途而把理論志意和實踐興致消蝕一空。

第三節　靈異藝術學

　　最後說「靈異藝術學」。從靈異遞進到靈異藝術時，已隱然蘊蓄著還會再增益概念。以致靈異藝術學的提出，就有相當程度的不可避免性。也就是說，它得成立來理論說明靈異／靈異藝術的可能性及其分布的議題，並且一併後設思辨此類論述的功能價位等，為一個新學科的存在自我範限格備（不勞他人胡亂揣測解會）。因此，它同樣隸屬單一概念（此為三詞組），而在語意上也無慮要設定為「靈異藝術的學問」（而非靈異加藝術再加學）。

　　這個靈異藝術的學問（比較謹敕的說法是「討論靈異藝術所構成的學科」），它在最基本的層次是要解釋跟靈異藝術有關的問題而形成一種理論式樣（這幾乎已是各種學問共同的起點）。所謂「（知識／理論式樣是由）一組通則結合成的系統，這些通則彼此相連，並且表示變項間的關係」（呂亞力，1991：18），這在此地一樣合用。而就通常所說的理論是一種有組織的知識來看，該組織的動詞化便是解釋（比說明還要精準）。正如論者所說的「**所謂一個現象的理論，就是一套對此現象的解釋；只有解釋才配得上用『理論』這個名詞**」（荷曼斯〔G. C. Homans〕，1987：18）。也因此，解釋／理論在這種相互成就的情況下成了一體兩面，本身所得具備嚴格的演繹論證形式一點也馬虎不得（周慶華，2004a：7～9）

由於要面對靈異藝術成學諸般因緣的考驗，致使繼續設定相關的解釋項目也就屬勢所必然（否則任意選取對象來解釋恐怕會讓學科漫漶失效）。而這依理有「靈異藝術如何可能」一大要項得先作交代。具體範示如下：此項問題形同是在追究「外靈為何可以介入操控或摻和主導藝術的創作」；而它更根本的則是要將「靈」何以成立給出一個說法。靈的外觀部分，依本章第一節所說的人靈／鬼靈／幽靈的靈體都是比照（形同）人的肉體，物靈／精靈的靈體乃是比照物的軀體，神靈的純靈體不是比照人的肉體就是比照物的軀體（比照物的軀體部分，如龍神／虎爺／犬公之類；比照人的肉體部分，則可見於神靈投胎為人而人死後又能回復或躋升為神靈），這些都是可經驗的對象（通靈人能據所見描述而著為範例）（安德森〔G. Anderson〕等，2017；盧勝彥，2004；索非亞，2009；櫻井識子，2017）。至於所有靈體實質上是「緣何存在」或「何能存在」等更深且關鍵的課題，這從文獻和實際感覺的交互比對中，可以不理會唯物論者的越俎代庖強說祂來自「神經位元的作用」或「真空能量的虛擬震盪作用」或「不起延續作用的可能的原質」（祖卡夫〔G. Zukav〕，1996；沃爾夫〔F. A. Wolf〕，1999；克里克〔F. Crick〕，2000），也毋須附和一神論神學僅說祂是緣於上帝（耶和華）所吹進人肉體（塵土所造）的「生氣」（香港聖經公會，1996：2）或信仰者別為憑空設想祂乃肇因「稀薄細微的物體」／「精神性實體」／「內在宇宙」／「較高的自我」一些空泛的品類（柯西諾〔P. Cousineau〕主編，1998；麥克勞林〔C. Mclaughlin 等〕，1998；呂大吉主編，1993），以及避免落入佛教特指神／識對象窠臼後更見疏闊難了（慧遠，1974；施護譯，1974；求那跋陀羅譯，1974）等，而僅依中國傳統所普遍提及的「精氣」一義來指實（高誘，1978a；王充，1978；孔穎達等，1982a；戴德，1988；白雲觀常春真人編纂，1995）。這精氣（精純的氣／有別於一般駁雜的氣），在有感應能力的人眼裏，除了形制如上所述，還有質地就像半透明的雲霧或可形容為奶油棉布／被揉爛的衛生紙／包乾乳酪的紗布等（紐通〔M. Newton〕，2003；芳鄧〔S. Fenton〕，2007；羅曲〔M. Roach〕，2019；劉清彥譯，2000），同時祂在沒有肉體或軀體束縛的情況下特別具有變化飛升脹縮（收縮後再恢復為原形）等自由來去的本事（史塔克〔R. Stack〕，2004；蔡文華，1995；盧勝彥，2004）；至如有關祂的思感能力來自何處及其不隨所進入肉體或軀體而改變向度（如本章第一節所說的無腦人／無頭人的旁證，以及出體／換魂／降靈／招魂的戲碼）等，雖然一直沒有可靠的證詞，但要將此思感能力（純物質性的肉體或軀體不具此能力）等推到精氣形成時就已內具，這在類比科普書說人類知見是源自最初的「創造力大爆炸」或「思想大爆炸」（泰特薩〔I. Tattersall〕，1999；伯金斯〔D. Perkins〕，2001）於理也無不可成立（理論後退只能到這裏為止）。靈的可能性就這樣確定（肉身的存在說仿此）；而據此所要接續推衍的靈異藝術，則緣於人靈通外靈在藝術表現上可一體適用而予以准式，這就不必贅述了。

再來是所做的解釋要自成怎樣的規模也該接著處理。基本上，靈異藝術邀學一事既然要（正）向學術領域扣關，那麼它在方法論環境中所得接受檢驗（以便進趨為學科）的事項一個也逃不了。這個關鍵點自然是「學」理：從方法論的立場來說，學概念也是經人創設而可能的（它不會憑空出現），馴致所有後出的沿用或改造，都不免要有一段援例增減成分限定的旅程。這在此處所能謹敕搬演的，則約略有下列的關連塑理次第：第一是緩衝來按照一般的規範，學依它特有的名詞性得框限為學問或學科或理論知識，為的是足以自我嚴肅和可供他人檢驗等。此外，學還可以就它日常慣行的動詞性仍許給學習或仿效或推廣的意涵，而以附隨的方式（非單獨存在）將所有成學的案例當作學習的對象，這樣相關學的形式特徵就算是確立了。第二是進趨面對在學的名詞性此一核心義確立後（動詞性的附隨義就讓它內著而不表了），跟著要限定它的內涵是一種「有建制的知識」。這種有建制的知識，乃為一切學科成立必有的範限，也就是得備列統括（所說理適用性廣）、組織（系統性強）和合理（前提高度可性）等要素（范錡，1987：13），才有通行天下而不被任意棄置的可能。雖然如此，它卻不合自比有些論者所說可為普遍接受的知識：「稱一個研究範圍為一門『學科』，就是說它並非只是依賴教條而立，它的權威並非源自一人或一派，而是基於普遍接受的方法和真理。」（香港嶺南學院翻譯系編，1996：2）所謂可為普遍接受的知識，嚴格的說也只具有相互主觀性（可獲得有相似經驗或相同背景的人的認同），而不可能具有絕對客觀性（沈國鈞，1987：93；陳秉璋等，1990：241～246；周慶華，2002a：27～28）。因此，這裏也就不矯造類似的宣稱來自我混亂。還有此一界說勢必要以「權宜而不為典要」的標誌面世而難以避免語意上的弔詭（也就是「權宜而不為典要」的本身不就是一種典要呢）以及既然不為典要「那別人就不一定要聽信而我個人也不一定要強說」等究竟要如何圓說的問題，則以「正視他人的主見，並不必以去除自己的主見為代價；彼此以追求精采為目標，卻毋須隨人在原地踏步」這一我個人所設定過的準則（周慶華，2004b：43～45）來因應，而將所能製造差異的論說與否的檢證及其理智認同或情感迎受的權利留給讀者。第三是極力讓另外得有一帶後設性的隱式限定，來給上述那些對象性的顯式限定作催化劑或終極的保障。這是我作為一個持學者理應不可或缺的心理表白：也就是在本脈絡不是要複述既有同類型的論說，而是試圖展現一種新形態的學問（這才有勉力建構的必要；不然就會淪落拾人牙慧或重炒冷飯而待人譏誚的下場)。把這點確立且予以技術性的懸置後(此理已明今後就不必再重提了),所得再添綴的是這套學成形所必須備有的條件。以當代一些話語或言說(discourse)理論為準的(伊格頓〔T. Eagleton〕,1987;麥克唐納〔D. Macdonell〕,1990;佛思〔S. K. Foss〕等,1996),我所要建構的這套學也是一種話語(一種主張或準則);而這種話語已經為我所信仰,也成了我所屬意的意識形態,它終將無法脫離我內在的權力欲望範圍。即使如此,在我的構想中,也不能僅止於塑造一種話語而已,當中還得有文化理想作為必要的支撐(否則世上未必要多我這一種話語)。換句話說,在無所不可建構中,我有所選擇而建構了這一種話語,自當別有一點理想意識在:必要導到對整個世界的局部推移變遷或改造修飾上來發揮作用。這縱然會面臨後現代解構思想的強力挑戰(諾利斯〔C. Norris〕,1995;德曼〔P. de Man〕,1998;德希達〔J. Derrida〕,2004),也毋須退縮。因為解構思想所要解構的體制/真理／秩序等東西，並不是大家所十分樂意見到的；更何況解構思想的不徹底性（也就是解構別人時也蘊涵了自我解構，以致解構的效力就很有限）而使得解構思想本身又成了體制／真理／秩序這些東西呢（朱耀偉，1994：60）！所謂學的成形，就是依上述從新範限及其必要邏輯推演而可能的；而它在成形過程中又受到權力欲望和文化理想意識等條件的制約。倘若其他同類型的論述缺乏這樣的自覺，那麼此處所說的又可以用來對諍或訾議，使得一種話語兼具有自我定位和批判他人等雙重功能（周慶華，2022：17～20）。所謂「所做的解釋要自成怎樣的規模」，就盡在上述這一學理的耙梳條陳中（解釋的向度不得不受此學理的約制）。

最後是解釋本身所需的資源有那些更少不了要羅列明示。這涉及的是解決問題的程序或方式（解釋的邏輯形式），當有一個較為穩定的方法論結構提出方便被讀者認取援用。從學科總得兼顧自我內具理路和對外拓展需求等兩面質地來說（周慶華，2022：20～21），這一方法論結構勢必涵容問題意識／方法意識／價值意識等要素（且得彼此扣連相繫）才足以成形（學形）。如圖所示：

方法論結構

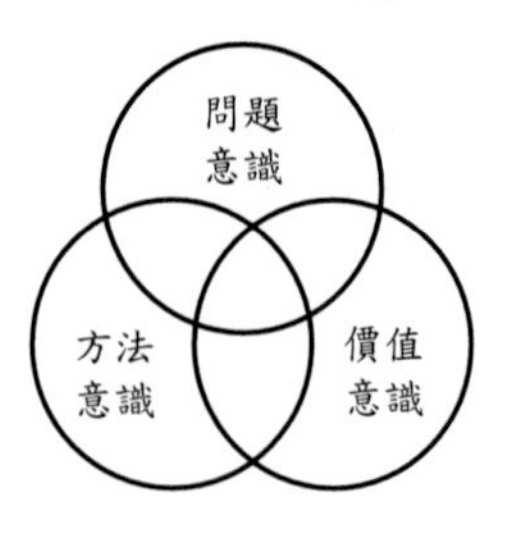

當中問題意識，是指自我後設警覺或檢視所探討的問題憑什麼成立（在此處所關連的是「靈異藝術學」課題何以能夠建立）。它在先驗性的邏輯準繩中，又著實的上衍自理論建構下併連方法意識（得採用那些可靠的方法）和價值意識（研究成果如何廣為發揮作用）等。這是說靈異藝術學在最新近的體現中，勢必自成一理論建構形態。而據理所有理論建構都得講究創新（從概念的設定開始，經過命題的建立到命題的演繹及其相關條件的搭配等歷程而完成一套具體系且有創意的論說）（周慶華，2004c：329～334），導致它所該配置的就有問題意識／方法意識／價值意識等環衛部件，在終極點上才能保證繼起靈異藝術學方法論範式的確有範式性（而不是虛有其表或僅夠備參而已）。當中居要津地位的方法意識一節，所要採用的方法則以能製造差異為至高效率所在。本來創新也可以是一些通俗書所示，指向幾無所承的無中生有（艾米頓〔D. M. Amidon〕，2008；高德〔R. Gold〕，2008；郝金斯〔J. Howkins〕，2010）；只是它在想像中無慮成立，而於實際上卻難以找到案例。馴致所剩的製造差異，也就成了大家所能創新的唯一途徑。至於製造差異，則有水平思考法或逆向思考法可以參鏡，所印證於現實試煉的案例也多有所見（周慶華，2016：320～321）。即使如此，在理序上還是早出的問題意識仍無法不從它來起併連作用，這就也要有所說而後可（以便能取信於讀者）。原則上，從靈異藝術的考察到縮結為「靈異藝術學」

出采，也是一個強方法論的價位限期，它所內蘊的方法意識已是基本的方法論形態，所剩問題意識則要列入準方法論範疇。也就是說，相關後出靈異藝術學的理論建構也發端於問題意識，交代清楚了才能順利預入方法意識和價值意識的行程。而這同樣以起興於學術突圍／中繼於試為挺立學科性格／後自信於完成所涉堅實論說等系列悟力覺察來保證（保證問題意識的形現）（周慶華，2022：23～24）。原因是今人所普遍會疑慮靈異藝術學憑什麼成立的懷疑論（甚至棄置論）得加以破解，所要發展靈異藝術學一事比照任何新潮學問在可散采上本不遑多讓，更何況它從有史以來已累積不少經驗足夠被檃栝來出新光照！

顯然靈異藝術學從審美特性起始一路演實到科別終點，在形式上相關的理序已經可以構成一幅連鎖性的大觀圖（各細圖都有交集，乃因裏頭各項彼此會相涉或難以截然劃分所致）：

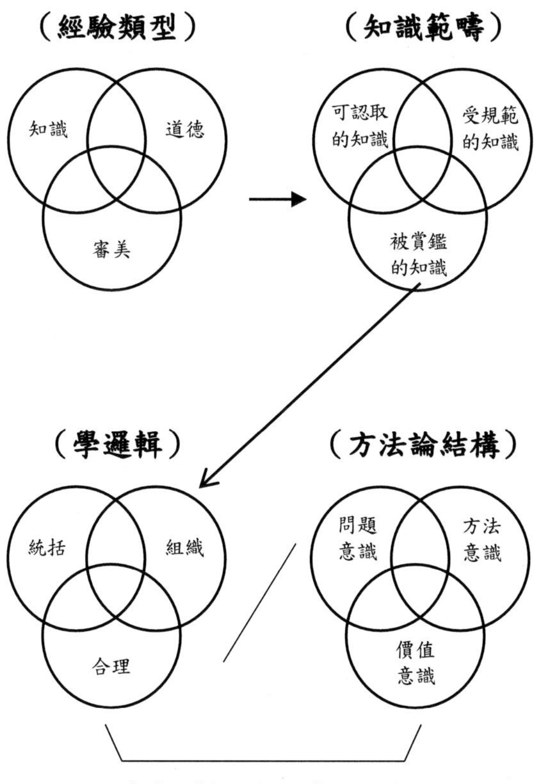

為遂行權力欲望和深寓文化理想

至於在實質上，則得繼續發揮理論說明和後設思辨等學科應有的功能（周慶華，1997a；1999a；2001a；2002b；2003；2004d；2005；2006b；2007c；2009；2011a；2012a；2016；2020c；2021b；2022），以符應上述的結構：包括追究靈異藝術如何可能／交代靈異藝術成學的緣起／陳列靈異藝術可溯的分布／深入靈異藝術的造就評估／議定靈異藝術的功能／探索靈異藝術的文化意義／許諾新學科的新希望等屬立說本身的目的兼及立說者的目的（從價值意識項延伸）。而這除了追究靈異藝術如何可能一題已先行點出（見前），其餘都將在後續各章中予以詳為論列。有關的概念界定，就到此告一段落。

第三章　靈異藝術成學的緣起

第一節　理論和現實的需求

靈異藝術乃外靈顯異介入操控和摻和主導的藝術（詳見第二章第二節），這在先天上所普見於天縱英才而在後天上也偶見於天啟英才等雙重才藝表現處得著見證（詳見第一章第一節）。此外，還有一個人靈通外靈在著實間介促成靈異藝術的可能性（詳見第二章第三節），也無不深沈體現著靈異藝術學問（學科）的學術性格。

後者是說，外靈顯異所外鑠或啟導藝術成真一事，所內蘊的該特強能耐，乃有一定的理路在背後作保證，那就是我所歸結過的：「有關『外靈憑什麼能耐比活人強』的問題也可能被提出來，那就可以試著這麼回答：外靈是不是能耐都比活人強，這沒得比較，也說不準；但基於兩界始終處在循環互進中這個前提，秀異者一樣是來來去去，不好忽略總會有稟賦特強的在靈界或在現實界，形成誰搶到先機誰就先有卓越表現的局面。不過，外靈總是佔有某些優勢，包括祂們可以知曉或探得前世今生的因緣，以及因為少了肉體的負擔而能夠較為自由且迅速移動以盡窺機密檔案，並且於結成團隊後又可以比現實中人更容易合力謀事致勝（這也包含祂們能於瞬間發動災變毀滅生靈在內），類似這些本事，就不是一個純聰穎問題所能涵蓋，它還有現實中人所想像不透的奧祕成分。」（周慶華，2020b：56）也因此，當我們要類似推擴肯定任何一種藝術（尤其是殊異的藝術）有外靈介入才得以成就時，主要也是從這個層面來說的。除非該藝術的創作者跳出來發誓否認外靈的協助，不然我們都很難相信有那一個可以單靠己力完成該作品（或鉅著）。

說實在的，後面這種完全憑己力成就藝術創作事的可能性幾乎是零，因為即使不被明著借體也會有其他諸如夢感／通靈對接等或隱或顯在媒介著（更何況外靈還能自煥邀名也一併在暗示人的所能緣何而來）（詳見第四章）。這是屬附帶式的分辨，並不影響整體學科的建構（畢竟靈異藝術分布甚廣，不能僅據此至極例就予以推翻）。重要的是，接下來此一學科要具項據理開展。

從藝術關連靈異開始，靈異藝術學就要跟著立案，而這在此地想一改先前大家未有如此自覺要建構學科的慣習，自然得提出充足的理由來證成此一新學科的必要性。大致上，這不外有「理論和現實的需求」／「權力欲望的發用和文化理想藉以寄存」／「反向立說姑予期待實現」等三項因緣在實地起作用（作保證）。現在就從「理論和現實的需求」說起。

以世間的學問所總括可認取的知識／受規範的知識／被賞鑑的知識等三大領域（詳見第二章第三節）來說，在理論上它們都是透過「學」（仿效）和「問」（探究）事物而整理或創發出來的。當中可認取的知識領域，一向被視為學問的典範；而一般所謂的知識，就以它為代表或逕自予以等同（其實其他兩個領域也具知識性而同樣可以認知）。這顯然忽略了一個事實

：那就是可認取取向的學問所「證實」為真或「否證」為假的那些東西（巴柏〔K. R. Popper〕，1989），本身並沒有先驗性；它也是經由人為後驗的構設且約定俗成而可能的(沈國鈞，1987；陳秉璋等，1990，周慶華，2004c)。因此，推擴開來而將靈異藝術納入，一樣許一個知識對象，也就毋須大驚小怪；它的條陳得宜，依然有獲得眾人認可而躋升知識殿堂的機會。更何況還有受規範取向和被賞鑑取向的部分，它們跟靈異藝術的交集特多（尤其是被賞鑑取向的部分)，很可以藉為推衍這兩大領域學問的無限深度；特別是它的明著性（都會被框限而在可察覺的範圍)，更能顯示靈異藝術學問和世間藝術學問的無從絕對分離特徵（差別只在前者多了一份神祕性)。再換個角度看，靈異藝術所以為靈異藝術，是因為它有別於非靈異藝術，但非靈異藝術的世間性也未必是純然自足的。就取神話這一最早的靈異藝術（文學性藝術）傳聞或反映來對觀，它所開啟人類的智識功能自然不必多說，光以它所衍生出來的言說且累代都在散發魅力的就不知道凡幾（坎伯〔J. Campbell〕，1997；李維史陀〔C. Lévi-Strauss〕，2001；阿姆斯壯〔K. Armstrong〕，2005；艾恩斯〔V. Ions〕，2005；森安太郎，1979；袁珂，1995；關永中，1997；蕭兵，2001；王德保，2002）。這種隨機兼深微的影響力（影響了世間相關學問的構設），豈容我們以一句「無驗」或「無稽」而輕易的加以漠視或否定？在這個前提下，從新來建構一門涉及靈異藝術關世的學問，不也有它的急迫性而可以跟有關世間學問並駕齊驅或分庭抗禮？

還有靈異藝術所以要成為學問的對象，從經驗法則來說它也是夠資格被採用的（不必硬將它排除出去），而我們就以這一點作後盾而把它推上現實競比的情境去接受考驗。因此，所得進益思考的「靈異藝術怎樣成為學問的對象」課題，在更切近的意義上是論說主體使它如此的，而取證就是既有不勝枚舉的靈異藝術經驗。換句話說，「靈異藝術怎樣成為學問的對象」就是「靈異藝術要成為學問的對象」的消極說法，它所保障的是論說的權利以及所論說對象的不被虛無化。這樣「靈異藝術怎樣成為學問的對象」再轉一層，就是「靈異藝術要成為學問的對象」的條件開列了。這基本上有兩個層次可以談論：第一，靈異藝術經驗在提供理論建構所需具廣涵和深蘊意義的資源上，已經不乏案例的佐證；第二，論說者的企圖心強烈到能夠駕馭相關靈異藝術經驗而使它如期實現著為條例，兩相進擊就無慮不成了。這麼一來，只要誰擁有上述兩個條件，他就可以構設一套別出異采的有關靈異藝術的學問。所謂的「靈異藝術怎樣成為學問的對象」轉成「靈異藝術要成為學問的對象」的必要追究，也跟上述所開列的條件相同律則，論說者或信守者難以逸離這些條件去別做考量（周慶華，2020a：16～18）。在這種情況下，靈異藝術學的需求也就可以據義而從它乃有足夠前提成立新學科一點上來確定。

由此可見，靈異藝術學問的出現不為無故，它既是為學科增衍而為理論所容許的，又是有感於實際多有人對神祕藝術所積累的困惑而必要或不得不如此顯跡的。即使不然，也還有一個最後的辦法，就是比照世間學問所寓含的「渴望某某成為學問的對象」此一心理基礎（否則就會缺少動力採取行動去建構相關的學問），從而同樣讓建構者自我卸下或有胡亂指責加被的精神擔負（周慶華，2020a：21）。這一靈異藝術成學所通於其他一如靈異科學／靈異哲學／靈異心靈學／靈異社會學／靈異宗教學／靈異文化學／靈異符號學／靈異語言學／靈異權力學／靈異價值學等的可建制性（周慶華，2006a；2020a），在有關所需具備的理義充足一點上顯然不遑多讓；而它的立說本身無慮要成立，也是勢所必趨而不必致疑。

第二節　權力欲望的發用和文化理想藉以寄存

靈異藝術成學在最切近（表層）的生起因緣，乃為學科增衍及替人解惑等雙重律動所保證。此理論和現實需求的徑路既已通透，按理就該預入還有可能更為深層的生起因緣，就是那無從避免定然會起作用的價值意識。所以接著說「權力欲望的發用和文化理想藉以寄存」。

理論和現實的需求是為達成立說本身的目的而帶出的（前提設定），出了這個範圍就涉及到立說者的目的。立說者（我）要藉立說本身目的的達成來遂行權力欲望和寄寓文化理想等，在沒有例外的情況下圓了靈異藝術成學更緊勒或積極性的因緣。這是由價值意識發用而來得有的理論分疏，它的中介項則為方法意識的實地展演（詳見第二章第三節）。也就是說，價值意識是依方法意識確定後連帶促動的，而方法意識在我所實踐建立其他新學科的經驗中則略有「權力欲望的發用、意識形態的介入、文

化理想的支持和科際整合的趨向等幾大變項在制約著方法的產出及其實踐流程」等可成案的認識論意涵（周慶華，2021a；2022）。

上述所關係方法的產出及其實踐流程，詳細的說則是：在心理學上有所謂「防衛機制」（簡稱機制），特指人在應付挫折時為防止或減低焦慮所使用的各種調適方式（洛斯奈〔J. Rosner〕，1988：80～82）。而它轉用在其他學術上，則代表一種驅動力，由相關的生理或心理或社會或文化機能所制約。前面所羅列權力欲望的發用／意識形態的介入／文化理想的支持／科際整合的趨向等變項，就是全收攝在一個簡稱的機制名下，而聯合或各自擇取方法對象去運作。當中權力欲望的發用是最終極的驅力形式，它跟其他時刻人要藉權力的追逐來確保自己生活無虞的情況是一致的（布睿格〔J. Biggs〕等，2000：51～54）。換句話說，權力欲望除了是人在社會中求生存所不得不然的以外，它還可以有許多的附加價值，包括導致物質需求和精神需求的滿足（前者如獲得財富和地位等；後者如獲得尊嚴和名譽等）以及帶給某些性格特殊者一種心理補償（如有自卑感的人，擁有權力會使他孳生優越感；又如缺乏安全感的人，擁有權力等於獲得一副安慰劑）等（路克斯〔S. Lukes〕，2006；朱津〔S. Zukin〕，2010；劉軍寧，1992）；而最重要的是它體現為亟想對別人產生一種影響或支配力量，從而極大化個別人在世所能晉升謀取利益／樹立權威／行使教化等一體成形的無上境地。也因此，方法的擇用本身就不可能有什麼客觀性或必然性；它完全隨權力欲望的易動而轉移向度（我作為一個論述者，自然也毋須諱言這一點）。至於意識形態的介入、文化理想的支持和科際整合的趨向等，則可以單獨或一起跟權力欲望合力出擊而顯現一種特別可觀的典範性方法運作形式。此中意識形態，是指一套思想體系或觀念體系，用意在解釋世界並改造世界（賽爾維爾〔J. Servier〕，1989；麥克里蘭〔D. McLellan〕，1991；威肯特〔A. Vincent〕，1999）。凡是能夠展現出來具特徵性的方法擇用，無不徵候著一種或多種意識形態；而這又都以權力欲望為終極的保證（意識形態關係具特徵性方法擇用的內容；權力欲望乃促使該內容實現的最終決定者）。至如文化理想的支持和科際整合的趣向兩項則屬附加性的，它們是為可以接受和常保新穎而特別計慮的（暗中仍由權力欲望在終極上起作用）。也就是說，一種（套）精密方法的擇用成功，可以在某些層面上更新文化的視野，而使得文化的創發力被激勵成為可能；同時單一方法的擇用不足以新穎他人耳目時，也得改採跨域多重的方法擇用策略（而這已經是現代社會盛行的風氣），以便展演特能創新未來和遂行權力欲望等雙重處度（周慶華，2022：140～141）。

此中涉及的科際整合，則由前面所述學邏輯（統括／組織／合理）（詳見第二章第三節）總攝，且由相關的描述性方法（如符號學方法）／詮釋性方法（如詮釋學方法）／評價性方法（如美學方法）等予以串連，而後再約略採用相通其他新學科所得計慮的文化學方法／生態學方法／未來學方法等（周慶華，2022：148

～152）來董理收尾。

就在這相關方法意識的理則明朗化後，先前說過的「在無所不可建構中，我有所選擇而建構了這一種話語（靈異藝術學），自當別有一點理想（文化理想）意識在：必要導到對整個世界的局部推移變遷或改造修飾上來發揮作用」（詳見第二章第三節），也就跟著悠然浮現而自鑄上一段價值的印記。因此，所謂「按理就該預入還有可能更為深層的生起因緣」（見前），就由此一「權力欲望的發用和文化理想藉以寄存」領航環節充分展露，從而為「理論和現實的需求」（甚至渴望靈異藝術成為學問）的建制規約提供了併連式的理據。

第三節　反向立說姑予期待實現

緣於靈異藝術可以自體存在（不必跟世俗藝術相轇轕），致使外靈自煥邀名一事也有成真機會而得另准餘地來保證它的緣起性（額外例）。因此，要再繼續說「反向立說姑予期待實現」。

靈異藝術經界定已強調它存於外靈和人靈的互動中（由外靈顯異介入操控或摻和主導）（詳見第二章第二節），這所顯示「人靈通外靈在藝術表現上可一體適用而予以准式」（詳見第二章第三節）理則自無疑問，但由於所見靈異藝術分布甚廣而有外靈自煥（自行創作彰揚）邀名情事得併連察考，導致此項課題在實質理論規整上要增衍（附帶兼攝）一個額外例證；並且因為有它可能照常內蘊「所以然」或「所徵巧」得加以說透的欲求，於是據義補充靈異藝術成學的另一生起因緣。此因緣乃齊匯立說本身的目的和立說者的目的雙翼而帶出的（有別於前兩節所論），實為「聊以充數」一個弱格的徵象行世。

這種額外例證不妨保存，背後有個「反向靈異世俗學的亟待成形」一類關係學科發展的觀念在促使著：現在能夠被我們所說的，大多是我們主動看待靈異的部分，對於「靈異又怎麼看待我們」這一部分則難見系統化；而這預估也會影響至鉅卻還無能為力將它鋪展開來。當代的新物理學理論「混沌理論」提到：相當簡單的數學方程式可以形容像瀑布一樣粗暴難料的系統，只要在開頭輸入小小差異，很快就會造成南轅北轍的結果（葛雷易克〔J. Gleick〕，1991）。而當代的新經濟學理論「複雜理論」也提到：在混沌邊緣的平衡點上，系統的組成分子從來不會真正鎖定在一個位置上，但也從來不會分解開來融入混亂之中；在混沌邊緣，生命正好有足夠的穩定性來維繫生命力，而也正好有足夠的創造力使它不負生命的名；在混沌邊緣，嶄新的想法及創新的遺傳形態永遠在攻擊現狀，儘管是最警衛森嚴的舊勢力也都終將瓦解（沃德羅普〔M. M. Waldrop〕，1995）。

我們把這二者結合來思考，就可以得出一種最新思潮的形塑模式：不斷地透過靈異學各次學科的建構，以冀望能夠擴大效應（從混沌理論得到的啟示）；同時也不忘特地彰顯所建構的靈異世俗學一個（新）次學科，以等待識者的雅為接納（從複雜理論得到的啟示），共同致力於兩界事務的發展更新。倘若靈異世俗學真的有機會建立起來，那麼它跟現有的靈異學的其他次學科的相互輝映性以及在重啟新觀念上的功能一定不會缺乏（周慶華，2006a：316～317）。這將它轉成靈異藝術，說法依然不變：就是「反向立說」（靈異世俗藝術學）也可以如此看待，而「姑予期待實現」此一心理想望則是試煉在即的通達說詞（靈界或可妨我立說另建一套靈異藝術學輾轉現示）。

正因為把這部分一併納進來談論，而後續的舉證說明分辨等也都不會疏離，以致相關靈異藝術學的涵容性至此才得以整敕（第二章第三節所作的概念界定附加此義始能成數）。這在理論建構（概念設定／命題建立／命題演繹）

的要求上（詳見第二章第三節），乃以不見疏漏的理由，有關的布列自然大可盛稱滿全。如圖所示：

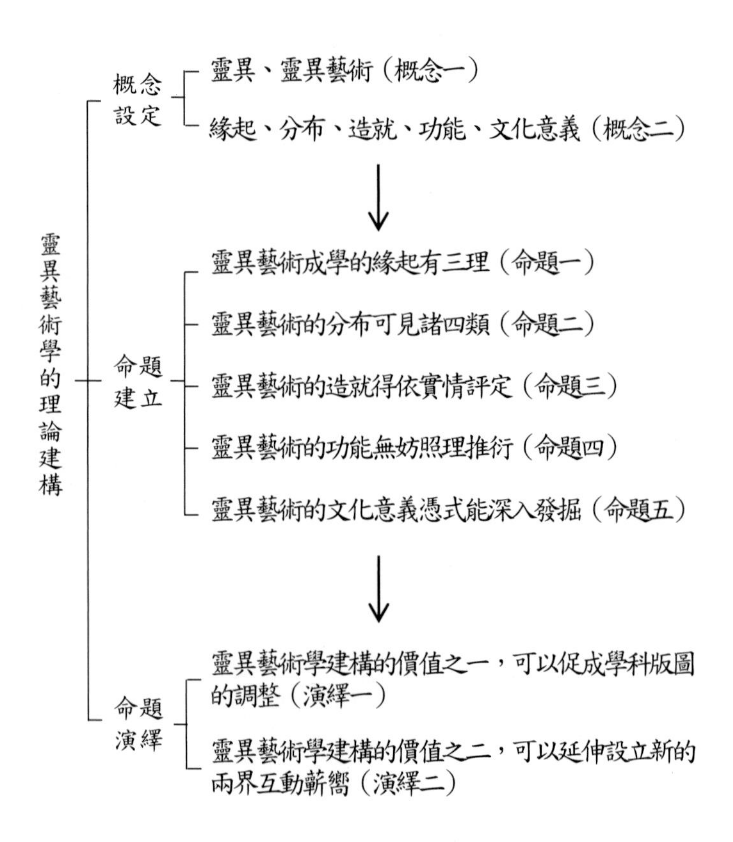

本脈絡據此所要詳為追究靈異藝術如何可能／交代靈異藝術成學的緣起／陳列靈異藝術可溯的分布／深入靈異藝術的造就評估／議定靈異藝術的功能／探索靈異藝術的文化意義／許諾新學科的新希望等（詳見第二章第三節），都將別無支蕪而理從義順到底。

至於架構中各項（及其後續將要分疏的細節），乃依理可這般設定；而所依理則源自我個人的識見（此為經驗積累及廣知推得而難以細表）。比較需要多加敘說的是，上面所提及混沌和複雜變合的運用，是把原不定變項的混沌理論納入複雜理論而專門選擇最有利的途徑來自我調適，然後希望它一舉成名。這中間仍舊會有無法掌控的成分（也就是複雜理論所說的偶發或意外的因素介入而造成他人不定認同的混亂現象）；但因為有萬全的準備和效應的預期，所以它還是可以自成一個王國而隨時能夠新人耳目。至如具體的做法，則有小世界理論可以讓大家參酌推衍。這種理論，試圖標榜「在無秩序的複雜中找出有意義的簡單性」，並且以一個鏈結經驗來開啟新聲：

> 在 1960 年代，美國心理學家米爾格蘭（S. Milgram）曾經想要描繪一個鏈結人和社區的人際連繫網。他在內布斯加州及堪薩斯州隨機選出一些人，寄信給他們。在信中麻煩他們把信轉寄給他在波士頓的一位股票經紀人朋友，但並沒有給他們他那位朋友的地址。為了轉寄這封信，他請他們只能把信寄給他們認識的某個朋友，而這個收件人是他們認為在人脈上可能比較「接近」那位股票交易員的人。大多數的信最後都到了他朋友的手中，而且遠遠出人意外的是，這些信並沒有經過上百次的轉寄，而是只轉寄了約莫六次。（布侃南〔M. Buchanan〕，2004：19）

所謂從新限定事物，大體上就是取這類精義改為主動的去勉作鏈結，並且不刻意冀求效應和容許小世界化。後者是因為所限定事物的推廣很難是一廂情願的，以致不刻意冀求迎合者也就成了所限定事物自我安頓的不二法門；而小世界化則是為了自我寬待而擇定的（也就是任何的影響力都有可能被高估，畢竟相關的鏈結通常都範圍狹小；因此所限定事物有施展不開來的情況，大家就得寬懷以對而給予高度的包容）（周慶華，2021a：217～218）。靈異藝術學的傳播推廣，也當這般自我定位。

縱是如此，靈異藝術學的持續實施，它的美意一旦被世人肯定了，難保不會被廣為傳揚（不論是靠口頭或書籍或其他經濟且不耗能的媒介），而終成化解倫常失序及其能趨疲（entropy）危機的一大助力（詳見第八章第二節）。好比自然科學界興起的一個瀰（meme）概念，它原是道金斯（R. Dawkins）從希臘字根的英文 mimeme 截取來的，為的是「希望讀起來有點像 gene 這個單音節的字」；並且「這字也可以聯想到跟英文的記憶（memory）有關，或是聯想到法文的『同樣』或『自己』（même）」，而方便賦予「文化傳遞單位」的意涵（道金斯，1995：293）。因為它的科學基因的類比性，可以複製傳播，所以也被人稱作活性的「思想傳染因子」（林區〔A. Lynch〕，1998：14）。前者，道金斯認為可舉的例子太多了：

> 旋律、觀念、宣傳語、服裝的流行，製罐或建房子的方式都是（而正如同在基因庫中繁衍的基因，藉著精子或卵，由一個身體跳到另一個身體以傳播瀰庫中的瀰）；繁衍方式是經由所謂模仿的過程，將自己從一個頭腦傳到另一個頭腦。例如科學家如果聽到或讀到某個好的想法，他就將這想法傳給同事或學生，他會在文章裏或演講中提到它。如果這想法行得通，它就是在傳播自己，從一個頭腦傳到另一個頭腦。（道金斯，1995：293）

而後者，論者甚至把它比喻作流行病：「思想傳染因子就像電腦網路上的病毒軟體，或城市中的流行性病毒，會透過高效率的『程式設計』，規畫自身的傳染途徑，蓬勃發展。信念在很多方面會影響傳播，甚至可以引發不同的觀念『流行病』，展開一場不在計畫中，卻多采多姿的成長競賽。」（林區，1998：14）可見瀰早已不再中性化，它的新生力量正在穿透理論的氛圍而被扭轉成一種可以開啟前衛論述的動能；同時它的此般從新賦義，也使得瀰本身開始瀰化而廣被世人所沿用和探索不已（周慶華，2021a：218～219）。靈異藝術學的傳播倘若也能產生類似的效果，那麼它自然就會發揮莫大的影響力。這雖然沒得保證，但我個人必須要深具信心，推廣靈異藝術學也才有意義。

第四章　靈異藝術可能的分布

第一節　夢感類

依所規模，靈異藝術學的開展性顯現在追求立說本身的目的兼及立說者的目的而別無旁支蕪蔓。當中據序要詳為追究靈異藝術如何可能一節，已經在第一、二章舉證界定藝術和靈異的關係及其細衍時說透了；而交代靈異藝術成學的緣起一節，也由第三章揭面注理相關因由講白了。現在則是接著要陳列靈異藝術可溯的分布，一樣得用專章來點明。

靈異藝術總得有個範圍填例證驗。此範圍在語源上指的是相關分子所分布的區域（漢語大字典編輯委員會編，1998：1242、304；周慶華，2003：18～19），貼合後便在問靈異藝術有多少類型可說。這在章名上所定「靈異藝術可能的分布」跟理則上必要陳列「靈異藝術可溯的分布」為可互換的用詞（可溯／可能的詞義等同）。最重要的是這裏所指的分子，乃以呈現的類型來範限（而不取其他同樣可名義的稱號）。這樣底下各節所列名的「夢感類」／「醒時被借體類」／「通靈成就類」／「外靈自煥邀名類」等，就是所可能（可溯）的靈異藝術分子的演實（很難再有其他類）。具體的情況，則依次從「夢感類」說起。

夢感是指人在夢中感受到外靈的藝術表現或被外靈的藝術能力加被，而讓他醒後有所感發志意或更新創作。後者（指被外靈的藝術能力加被而更新創作），可以特見奇巧而准類化。如：

> 2003 年夏天，梅爾（S. Meyer）還是當了媽媽的家庭主婦，在亞利桑那州的郊區生活。就在應該帶小孩上他們第一堂游泳課那天，她從睡夢中醒來，夢中有個女孩在草地上和一個俊美殭屍談話，那個殭屍努力克制自己，不願動手把她殺死吸血。梅爾馬上提筆根據記憶儘量準確把夢中對話繕寫下來。那場夢成為《暮光之城》系列書

> 籍、電影的基礎，至今她已經賺進超過一億美元。（蘭德爾，2013：112）

> 發明現代小提琴弓的作曲家塔爾蒂尼（G. Tartini），曾經遲遲無法完成一首奏鳴曲。一天晚上他夢見海灘有個瓶子，裏面有個魔鬼懇求放他出來。塔爾蒂尼同意他的請求，條件是要魔鬼幫他完成這首曲子。魔鬼離開瓶子後，拿起小提琴，根據塔爾蒂尼的構想，演奏出「技巧完美的奏鳴曲，如此精緻，遠超過我最大膽的想像。」塔爾蒂尼一醒來，立刻儘可能地回想，抄寫下來，創作出〈魔鬼奏鳴曲〉。這是塔爾蒂尼最受稱頌的樂曲。（克里普納〔S. Krippner〕等，2004：54）

這被夢感的作家所創作的小說（語言藝術）和音樂家所創作的曲子（表演藝術）都在見證中進益了，顯然該夢感所體現的類如天啟功能不可小覷。

至於前者（指感受到外靈的藝術表現而有所感發志意），雖然奇巧性減弱，但也略顯祕格而一樣可以准類化。如：

> 麥卡尼（P. McCartney）在他女朋友臥房醒來，腦中響起一段旋律。他直接走到附近一臺鋼琴那裏，著手奏出我們如今都能認得的〈昨日〉一曲。「那時整首曲子都在那裏了，」後來麥卡尼告訴一位傳記作家，「完整的作品，我都不敢相信。」（蘭德爾，2013：111～112）

> 我原本在思索一篇小說的結局，雖然一直寫，卻找不出頭緒。我於夢中坐在書桌前寫作，好像在處理清醒時寫的那篇小說。接下來出現一個景象，有兩位男子和一位女子，都是故事中的主角。這位女主角並沒有在兩人中做出選擇，而是拒絕了兩人。我在夢中大笑，覺得結局非常貼切，然後醒來，滿意地寫下結局。（克里普納等，

2004：60引一位烏克蘭作家語）

這都受到了衝擊（前則中模糊或略去外靈給旋律；後則夢到的當是外靈喬裝作小說中角色），並且順著感應將表演和創作的志意流露出來。即使不知道此見證是否確有進益，但體現的依然有類如天啟功能可以玩味。

上述例證中的外靈不是神靈（西方的魔鬼也是神靈）就是鬼靈，層級都高取了一點，所顯現的藝術能力也比當事人強，這在夢感類自然要居主位而可為冀仿者期望的對象。此外，還有一種諷世寄意的夢感情況，也不妨註例以為參便。它是中國傳統某些傳奇著作（如《清異誌》／《玄怪錄》等）發露的，說所夢感的是物靈（如故杵／燈臺／水桶／破鐺等），居然也會吟詩誦賦逞能。引得論者不禁要尋繹此中祕訊：

《東陽夜怪錄》有一同樣的故事，說彭城秀才成自虛夜入佛廟，見盧倚馬等人，相

> 與談論詩文，一下說「已成惡詩兩篇，對諸作者，輒欲口占」;一下催促「側聆所唸，開洗昏鄙，意爽神清，新製的多，滿座渴咏，豈不能見示三兩首，以沃羣矚」……往復酬唱，相與論賞。成自虛正覺得「賞激無限，全忘一夕之苦」時，晨鐘已動，曉色中仔細看去，所謂四人，乃是一病橐駝、一瘁瘠烏驢、一老雞、一大駁貓、一破瓠、一爛斗笠……文章是諷世的，寫文人酸氣，入木三分。(龔鵬程，2001：373～374)

從無生物靈／有生物靈在靈界都有表演舞臺可被借使或鏡錄一點來看，夢感類的靈異藝術還內蘊著人實無可炫才的必要覺悟為至貴。而參透不了此一訊息的藝中人，如果要連帶詆斥它荒誕虛妄，那麼料想他將無緣進益（即使真有外靈借機啟導才藝他也不會相信），平白損失立異機會，就可惜了。

第二節　醒時被借體類

夢感類的靈異藝術，大多是被啟靈者已有創作實力了，外靈在夢中所給的啟導幾乎都是進益用（或以此為所蘄嚮）；而選取予以進益的對象，也盡是音樂／小說諸型有待突破的環節（外靈相對上也要具備同型高才藝才行），畢竟它們的體製龐大及其構思歷程漫長，不大可能在時間短暫的夢境裏全部啟導（只有那一關鍵點才容易見效）。因此，出了這兩型藝術的點化，可能的靈應情實就會不同；而這可以近便察考且依次要說的，就是「醒時被借體類」。

醒時被借體是指人在非夢境中被外靈假借軀體官能創作藝術；而所創作的藝術成品也有獨立性（或朝向完整性），並且顯示出一定的目的用意。比較特別的是，這背後都有死後藝術家在主導一切（就是藝術家的亡靈附身而造出成品）；而可依所選定目的畫分出次類型，包括複製徵在／彌補償願／新創競奇等。如：

1978年3月，巴西的葛斯派瑞圖（原名未附）出現在英國國家廣播電臺的直播節目中，在數百萬人面前進入精神恍惚狀態，順利完成21幅畫作（有時甚至以雙手分別在兩張畫紙上，由上朝下作畫，他所完成的作品也十分完美），速度之快，令許多觀眾都以為是電視臺刻意加快影片的播放速度。當中包括雷諾瓦、塞尚和畢卡索的畫作。（劉清彥譯，2001a：53）

儘管日本的民眾不清楚，但在美國其實也發生了一件有名的附身事件。那便是一位名為湯普森（原名未附）的金飾設計師被亡故畫家吉佛德的靈魂附身，並完成他未完畫作的事蹟……已故吉佛德的畫室裏，竟擺著和湯普森被幻影引導而畫下的畫幾乎無異；唯一不同點是，它們都尚未完成。當中更有那幅古老的喬木畫。（桐生操，2004：171～174）

> 1913 年 7 月 18 日，卡蘭（原名未附）夫人應朋友之邀，盛情難卻地參加了一個降靈會。席間，她將手放到靈感盤後，手就完全不受她的控制開始移動，最後還停在一張紙上，上頭以鋼筆寫著「華斯」的名字……只要她閉上眼睛，華斯就會出現，他會藉著卡蘭夫人的手，寫出自己過去的各種經歷……他的作品有基督時代的《悲劇故事》，還有以 19 世紀為舞臺的小說《希望真實的血液》等等。當中尤以《希望真實的血液》獲得文學評論家一致的高度讚賞。（赫伯金，2004a：169）

這就分別顯示借體複製藝術作品以徵候藝術家還存在（多位畫家亡靈輪流在同一位被借體者應驗作畫，想藉此事證明他們仍然存在的用意，再明顯也不過了）／彌補藝術作品以償還藝術家未完遺願（畫家亡靈專挑特定被借體者持續畫完生前尚未完成的作品，償願的急切性甚過一切）／新創藝術作品以滿足藝術家跟同行競爭奇特企圖（作家亡靈選擇合適被借體者力寫新作品，除了跟同行較量爭勝，大概找不出更恰當的理由）等多向性，而主導一切的死後藝術家經此舉也無異過足了創作癮（不論是重制還是補缺或是新創）。

死後藝術家所以能如此主導一切，主要是祂們所找代的人不具創作能力（劉清彥譯，2010a：51；桐生操，2004：172；赫伯金，2004a：168），無從曲移變更所作內容。雖然這裏面有被借體者可能會過度操勞以及得一併忍受借體者的火爆脾氣等副作用（前者如「『沒有一位連繫者會像畢卡索那樣令我心力交瘁。』曼寧說：『他才要我畫了幾分鐘，就會讓我筋疲力竭，甚至在往後的24小時內都無法再提起畫筆……』」；後者如「這位巴西人說，他曾親眼目睹、感覺到那些穿越時空而來的藝術大師，還跟他們交談。有趣的是，有鑑於曼寧的經驗，葛斯派瑞圖透露：『畢卡索有時候非常暴力。如果有人低語交談，他就會氣得把畫紙丟開。』」）（劉清彥譯，2001a：52～54），但為了維護一個美盛遠景而不脫序（被借體者不頑抗中斷），借體者多半還是會用委婉和氣利誘的方式來取得被借體者的順服配合，而讓此類靈異藝術也一樣可以多采多姿：

在音樂界，也有一位藉由跟李斯特、蕭邦、布拉姆斯、貝多芬等偉大的已逝音樂家交流，而創作出卓越樂曲的女性，她就是英國的露絲瑪麗・布朗夫人（原名未附）。據說李斯特曾經來到她的夢中並告訴她：「我和其他的作曲家們，將幫助你創作出最美麗的樂曲。」這位勉強能夠彈奏鋼琴，完全沒有受過正規音樂教育的人，竟然在 1970 年發行一張名為《露絲瑪麗・布朗的音樂》的唱片，並獲得專業人士很高的評價。（南山宏編著，2014：50）

1906 年 1 月的某天，湯普森恰好在紐約的畫廊聽到年紀輕輕便亡故的畫家吉佛德的遺作正在現場展出，便抱著姑且一看的心情前去觀賞……四周突然變得異常寂靜，隨後不知從那裏傳來了這樣的聲音:「這樣，你應該就明白我先前是做什麼樣的工作了吧？能不能請你替我完成剩下的工作？」從那不可思議的體驗以來，湯普森便被一股渴望所驅使，不停將腦海裏浮現的幻影以驚人姿態畫出來。（桐生操，2004：172～173）

就從這個時候開始，卡蘭夫人跟華斯就變成了難以分割的關係。只要她閉上眼睛，華斯就會出現，他會藉著卡蘭夫人的手，寫出自己過去的各種經歷……華斯的作品充滿了知性和幽默，豐富性也很夠，就連心理學家看了也一樣是讚嘆連連。不過對卡蘭夫人來說，華斯的價值並不是因為他可以讓自己聲名大噪，她只是把對方當成是一位很棒的朋友而已。（赫伯金，2004a：169～170）

所謂「將幫助你創作出最美麗的樂曲」／「能不能請你替我完成剩下的工作」／「她只是把對方當成是一位很棒的朋友而已」等，莫不是給了利誘（讓對方可以一償成名的欲望）兼委婉和氣（用懇求的話語和溫良接合的態度等），才卯到借體創藝的機會。這從某個角度看（不全然當它類如商場交易的利害關係），也密實純粹到可以成為一種美談。

被借體者在知趣或偏讓的情況下，願意放空自己給借體者任意支使（如卡蘭夫人每次受制都心裏空蕩而不思考）（赫伯金，2004a：180）、甚至自我專心致志迎合借體者的施作力度（如曼寧就常集中精神被畢卡索操縱作畫）（劉清彥譯，2001a：50），就是上述這一美事終究會成立的必要條件（充分條件在借體者的藝術欲力）。而緣於醒時借體類的靈異藝術權在雙體膠連，所以展演出來的創作成品就不像夢感類那樣相機扣合（限於進益品類）。當中高質性的各類作品固然不乏機運出現，其他一般性（低質性）的特定作品（如宗教的信物或飾物）也隨時在等待空檔躍起（貝林格〔W. Behringer〕，2005；法林頓，2007；秀慈，2008；潘明雪，2013），相對上比前一類複雜許多（可談的節點也比較廣延）。

第三節　通靈成就類

前兩類的靈異藝術，相對上形態甚為固定：一為感應者半非自主（夢感類）；一為感應者全非自主（醒時被借體類）。前者尚有自主的部分（但非切要）；後者則沒有自主的可能性（雖然借體者會告訴被借體者所要表現的方式以便取得順服承諾）。除了這兩種情況，靈異藝術還顯現出一種形態不太固定的式樣，便是全面性通靈所成就的。

「通靈成就類」的靈異藝術，是由通靈對接所定案的（詳見第一章第二節），只要機緣成熟或障礙減卻，就可以無限開啟，而使得形態較多變化（感應者的自主／非自主性會在爭辯折衝頻譜中交錯展露）。同樣需要的界定，則為通靈成就是指人在眼通或耳通或心通外靈中介指點後輾轉完竣的藝術創作。這跟前二類縱然有部分交集（就是該藝術創作都有外靈的藝能加給），但整體上因為自力抉擇快慢不定及其協商過程多存變項等問題明著，在型綴上當然要自成一類。

這類藝術的靈異性，有明有暗／有單體有多體／有易有難等變化，比醒時被借體類那一可談節點的廣延性（詳見前節）還多顯錯綜複雜。在有明有暗部分，指的是感應者會直陳被啟導情況也會隱藏被啟導情況。前者（指直陳被啟導情況），如：

> 西元前3000年，在印度出現了一位傳說中的預言家，他的名字叫做阿伽西亞（原名未附）。身為聖賢的他，（坦敘）從印度最高神祇之一的濕婆神身上直接獲取預知能力……他將世上人們的命運，用坦米爾語，以詩的形式，詳細地紀錄在鹿皮上面。（並木伸一郎，2016：93）

> 英國的鋼琴演奏家李爾（原名未附）也宣稱自己的演奏事實上是獲得了另一個世界的啟迪……那個看不見的「東西」第一次造訪正是他潛心於準備在莫斯科舉行的柴

> 可夫斯基鋼琴大賽的時候……他相信那個注視自己的看不見的形體正是偉大的音樂家貝多芬。他在後來和李爾做了不少交談（並左右了他）。（劉清彥譯，2001a：24）

前則中的藝術成就即使還有待評估（宗教的道德訓誨性偏高），但它所通於後則感靈才轉有增豐的質性並無二致，都直陳了被外靈啟導的經驗。至於後者（指隱藏被啟導情況），則例證只存在於推測中，所憑藉的僅是某些幾近性跡象。如：

> 安逸的生活只是假象，吳爾芙（V. Woolf）還沒動筆，有個幽靈就會出現，打擾她、消耗她的時間、折磨她。吳爾芙說，她做盡一切只求能消滅這個幽靈。曾有無數次，吳爾芙把墨水罐朝著幽靈丟去，因為祂擠進吳爾芙和她寫散文的稿紙之間，虛構的本質使祂更為強大，「殺死一個幽靈比殺死真實困難得多了。」每當吳爾芙以為終於已

> 經徹底解決那幽靈時，祂總是又出現在她的意識裏。（博爾曼〔S. Bollmann〕，2009：53）

寫作明明深受幽靈的影響了（不論是直接的還是間接的），卻又故做矜持匿踪且力表跟對方勢不兩立，這不啻隱藏了自我構思虛質化來自該幽靈啟導的事實。顯然此類隱藏被啟導情況帶有刻意性，相似者尤其容易出現在某些酷愛名利的藝術羣社（矯飾以便鳴高）。此外，當還有實質上隱藏了被啟導情況卻未見堅闢說詞（更加隱微），按數仍然要列入。這取證可以孔子為例：孔子如眾所周知為一不世出的思想家／教育家，還是個稱得上才高的藝術家。後者從他能克盡禮容（入太廟每事問）／美飾文詞（從周郁郁乎文）／譜曲彈琴歌唱（自衛反魯後使樂正雅頌得所並常擊磬及取瑟而歌）等諸多表現（邢昺，1982：28、60、80、130、157）可見一斑。而這長才又多可察，乃得自他的先天稟賦及其通靈本事等。前者（指先天稟賦），那是自然會有的，毋須多證（即使還得靠後天勤練促成，但沒有稟賦在先恐怕也成就有限）；後者（指通靈本事），據《史記．仲尼弟子列傳》所載，他能預言下雨和商瞿會有五個兒子等事（司馬遷，1979：2216），足證有此奇遇（相關訊息都是外靈給予的，他只是做了轉達而已），但他卻又故意徵引《詩經》的話來掩飾。這跟《論語》所收錄他的言說如「**敬鬼神而遠之**」／「**未能事人，焉能事鬼**」／「**未知生，焉知死**」以及所記述他的行事如「**子不語怪力亂神**」／「**鄉人儺，朝服而立阼階**」等（邢昺，1982：54、63、90、97）是一致的。其實，有關怪力亂神／驅疫現場實況／人的生死及鬼神等，他都能說；否則也不會有那麼多弟子跟著他，因為只有通靈的他才有辦法在外靈協助下解決他們的各種疑難雜症（終而獲得他們的傾服追隨）（周慶華，2020b：43～44）。然而孔子始終沒有公開說出此中祕情（也許私下有隨機暗示過），形同把被啟導事實予以技巧的隱匿了。

在有單體有多體部分，指的是感應者所受

外靈制約或僅一源或現多源。前者（指或僅一源），這徵實性雖然不到百分百（難以完全察見），但從感應者的緊相追敘還是可以確定該制約只有一個來源。如：

> （孫儲琳說）其實祂飛過來時也是一種聲音，就咻的坐到我跟前。我是邊看著祂邊跟祂說話。感覺上是在跟祂對話；至於是不是心靈對話，我也說不上來。我說：「你幫我什麼？」祂說：「我來教你。」我問祂：「你有什麼本事教我，你到底是什麼人？」於是祂就說起為什麼要來幫我，我是什麼樣的人，說了一大堆。祂一說，我就覺得祂怎麼這麼了解我（對方所教包括抖藥片／穴位磁效應／RS 人體場攝影術等）。（吳美雲採訪，2016：78）

上述感應者受外靈制約所展現出來的類實用藝術／表演藝術等（所列那些抖藥片／穴位磁效應／RS 人體場攝影術等，都帶應景表演性）（

吳美雲採訪，2016：84～115），每一次都僅源自單體的傳授，可知這類創作必要由具專業的啟靈者才能勝任應責（感應者也有一定的潛能可搭配演現）。至於後者（指或現多源），相似的例證也只存在於推測中（感應者駭怕著明源自多體反顯己力減少而有礙情面，幾乎都不詳為交代內幕），所憑藉的也僅是某些幾近性跡象。如：

> 大藝術家達文西（原名未附）在梅迪奇家族、米蘭公國的庇護下，留下了〈蒙娜麗莎〉、〈最後的晚餐〉等歷史名畫。不僅在藝術領域上大有成就，連建築、科學、數學、工學、發明、解剖學、地球科學、地誌學、植物學等，各個領域都留下非凡成就，堪稱是「萬能的天才」……由於他的思想太過先進、獨創，幾乎沒有將這些想法具體化的案例。這樣領先未來的構思到底是那裏來的？也許這是他跟惡魔定下契約，才能擁有這樣超時代的睿智吧！（並木伸一

郎，2016：141～142）

達文西的創作所引發論者此一推測（本脈絡將附和），在理處無非是他對「還沒有人可以如此異質性展才」洞見的證驗。也就是說，倘若沒有外靈（僅帶異端論者就以惡魔指稱，持論未免太偏）介入促成每一項藝力的展現，那麼達文西再怎麼獨撐恐怕都難以美就。而這在不同類型作品各有外靈助益而合顯來源為多體一點自無可疑；至如同類型作品（或同一件作品）是否也等同，由於當事人全未敘明還不敢肯定，但一樣當它「理中合有」（緣相關跡象予以推測），依然可以鑄例而希冀異時的印證不請自來。

在有易有難部分，指的是感應者對接的事項不是相對容易就是相對繁難。前者（指相對容易），如果該事項只侷限於藝術本身，那麼這種容易性就是感應者自己已經成竹在胸而等待外靈定奪（祂們仍具有支配性）所徵候的，如：

> 一羣「當事阿飄」得知我要出書，況且還打算把祂們的故事，更深入詳盡地曝露出來，那還得了！於是反對聲浪就來啦……惡作劇有之、威脅恐嚇有之、頑強固執有之、死不回音有之、反反覆覆有之、為反對而反對有之，甚至還有「鴨霸」到親自操刀刪改我電腦原始檔內容者！（張其錚，2012：23～24）

此例表達的是一個業餘通靈人請示獲准撰寫靈異經歷以便梓行（語言藝術性受限於實用規約難免遜色了點），很明顯藝術品內容沒有什麼坑坎滯礙要處理，外靈的支配性基本上顯現在監督及懲罰（如藉插座電人／將螢幕變亂碼／讓電腦大當機／掐人脖子或心臟等），甚至自行修改等紛雜項目（張其錚，2012：26～28）。後者（指相對繁難），這主要關涉藝術品內容（類似的紛雜項目也會有，但感應者多半不費心或沒興趣條陳）必須外靈協助才能確保登頂，感應者即使也有因礙於情面未曾敘說的，讀者還是可以依賴一些蛛絲馬跡推得。旁證如：

> 勃拉瓦茨基（H. P. Blavatsky）是 19 世紀最為著名的預言家和神祕學家……1888 年，作為神智學協會的指導者和重要的靈媒忙碌於各界的她，完成了一部探討所有宗教起源的古代奧義，以及宇宙和人類起源的著作《去除面紗的艾西斯》。這部作品長達 1300 頁，但她只花 2 年時間便完成了。書中引用超過 1400 種文獻，當中有不少普通人根本不可能看到的傳說中的作品，例如關於西藏的神祕古文書籍和由亞特蘭提斯的神官紀錄祂們智慧的不世之作《多基安之書》等……（她能）正確獲取該內容的可能性，就是在西藏接觸到的高層次靈魂所給予的幫助。這些靈魂對她說：「在你的寫作過程中，我們將為你提供必要的文獻。」（南山宏編著，2014：110）

感靈者所纂書不算是語言藝術成品（屬論述性

質），但它的獨祕性深受外靈助益授予一事，倒有利於我們想及所有窔奧超常的藝術作品也無從例外要關涉完鑠於靈界。這引得我個人興起追探幾乎是空前絕後的《紅樓夢》一書作者不名及其百科全書式體製的外靈協作實務：以書裏所被敘及的是一個偌大幾近統包的景象或全然的世界來看，顯然它已超出一般人的所能範圍（傳抄者或刊刻者局部的增刪無礙大體），也許要過渡到眾靈的協助成真才能得著定位（這種討論不是純「作者」興趣的，而是要解決一個「能耐」的問題，以及書中甚多相關連的神祕事件）。而這不妨從《紅樓夢》回前凡例所說的那段話談起：「作者自云：『因曾歷過一番夢幻之後，故將真事隱去，而借通靈之說，撰此《石頭記》一書也，故曰甄士隱云云。』」（第一回）不論話中的「作者自云」是怎麼被傳書者弄到這裏的，光看它的「借通靈之說」一語就很耐人尋味。比照書內都在經營真如福地／太虛幻境、真／假、有／無、實／幻這類為解離超脫而起的和諧對比統一體，我們也可設想這又是一個真實通靈的反面說法。換句話說，《紅樓夢》確是感靈而作的，但又不便直說（以免嚇到讀者），所以只好託辭是緣自假借通靈。因此，真實通靈／假借通靈的隱藏式解構手法，就跟上述真如福地／太虛幻境、真／假、有／無、實／幻等明顯式解構手法相呼應，一起共構了《紅樓夢》這不可一世的皇皇鉅著。而這也可以解釋那個充當「代筆」的作者不名的原因，也就是《紅樓夢》是眾靈協助創作的，他不敢居功，以致在書成後自行隱匿去了（周慶華，2020b：42）。

凡是通靈成就類的靈異藝術，無不體現著上面所述有明有暗／有單體有多體／有易有難等變化，使得感應者要面對爭辯折衝頻譜的考驗（見前），相關待理問題自然多過前面兩類靈易藝術的衍展狀況。這既錯綜複雜了可談的節點，又實際亂入了客製化論述不可奢望的變項（只能自我強化完密理則）。

第四節　外靈自煥邀名類

靈異藝術的分布，除了顯著於夢感／醒時被借體／通靈成就等三類，還有一個也算數卻容易被理拒的「外靈自煥邀名類」可以考察。依前面的界定，靈異藝術乃是外靈顯異介入操控或摻和主導的藝術（詳見第二章第二節），所以在表面上它就必須連結到人（外靈操控或摻和主導的對象）才能有效論述；至於外靈自煥（表現）部分，因不具此特性，理當將它排除去別為歸屬。話是這樣說，實際上這一類藝術並未少掉跟人的連結，不論是它也在藉人的官能察覺而表露為世所知，還是它多半等待合適人選予以掘發而傳播開來，都無異於前三類那些操控／主導戲碼。因此，納入這類而姑命它帶隱現性（有別於前三類的顯著性），在合該理論克盡廣包環節上不啻甚為恰切。

相較於「夢感是指人在夢中感受到外靈的藝術表現或被外靈的藝術能力加被而感發志意或更新創作」／「醒時被借體是指人在非夢境

中被外靈假借軀體官能創作藝術」／「通靈成就是指人在眼通或耳通或心通外靈中介指點後輾轉完竣的藝術創作」等（詳見前三節），外靈自煥邀名類的界定需要先分說再合觀（不能一樣逕直給予界定）。這一半為外靈自煥一半為邀名，分開界定就是此類藝術由外靈自行展現（人無從雜軋）；而所以要展現也不外有愛好名聲需求。後者是說邀名一事同樣相通於現實界一切作為乃權力欲望發用及標高行動的文化理想寄存等因緣所致（詳見第三章第二節）；合觀則為外靈自行展現藝術創作藉以遂行權力欲望和深寓文化理想等標的（雖然在實際案例中有此類藝力的外靈大多還來不及或不便徵候）。

這類表現一樣有高雅／通俗或繁雜／簡易的區別，並且所藉助媒介也頗多元（複雜難理），以致在舉例上就只能約略依它邀名強烈性來說數（而難以比照前幾節所見有某些理則在運作去歸聚），甚至還可能緣於篇幅限制而取巧的但列幾則隨便帶過（主要是這類還不到必須深入一談的地步）。當中相關邀名稍顯低調或被動的部分，如：

> 唐大曆 13 年（李道昌）為蘇州觀察使，一日，郡城外虎丘山有鬼題詩二首，隱于石壁之上……道昌異其事，遂具奏聞，准敕令致祭……是時祭後經數日，再有詩一絕于石云……（皮日休／陸龜蒙等有詩相和）（計有功，1981：529～530）

> 1901 年一天下午，兩位到法國觀光的女教師摩芭莉和喬坦（原名都未附），來到了位在巴黎郊外的凡爾賽宮。然而，就在她們準備前往瑪麗王后的別墅小翠安儂宮時，卻在途中迷路了……緊接著，她（喬坦）便聽到某處傳來的音樂，耳邊響起好幾個人用法語交談的聲音……更令人驚訝的是，在森林裏的房子陽臺上寫生的女人，竟然就是瑪莉・安托瓦內特本人。她的容貌就跟威魯德米勒筆下的瑪麗王后肖像畫一模一樣。（桐生操，2004：146～152）

有一次看電影《烏鴉》(The Crow),由李小龍的兒子李國豪主演。可惜他在拍攝期間被意外殺害,而未完成的部分則以後製特效及替身補拍處理。而我看此片時,我就見到李國豪一直在「演」自己的戲份,非常不可思議。(陶貓貓,2019:195)

這所述外靈寫詩/奏樂/作畫/演戲等,被發覺時都有等人來覷見的意欲存在,只因為直面演現(未經轉折或刻意做大)而沒有強索回應,致使自煥邀名性相對弱了點。類似的情況,還有筆怪(李昉,1987:2725~2726)/畫怪(李昉,1987:1559~1560)/靈應盤(桐生操,2004:176~179)等屬物靈自顯或鬼靈藉使的例子,就不多說了。至如藝事光譜右移而帶有高調或主動的部分,則可以旁證和本證來落實(旁證是為測及類例的當無或缺性),如:

(帛和去西城山事王君,王君告訴他當熟

> 視此山石室中壁，見有文字則得道矣。他）視壁三年，方見文字。乃古人所刻《太清中經神丹方》及《三皇天文大字》、《五岳真形圖》，皆著石壁。和諷誦萬言，義有所不解，王君乃授之訣。（葛洪，1988：1555）

> 跟金斯頓（原名未附）一樣，在麥田圈出現前幾個月，羅斯就經由通靈預先得知訊息。通靈都在美國進行，而她收到的訊息包括麥田圈的外形和位置。「下一個麥田圈會出現在艾奇漢普頓，邊緣有雕紋，像新月。能量順時針流動，中央圓周邊似乎有圓圈、扇形或新月相連，很像一朵花。」（西爾瓦，2006：303）

前則中產製雖然不具藝術性（僅為旁證），但可類推存待（善於為文的外靈或許也有相似的表現／只是尚未被發覺而已）。它所獨選自煥邀名奇式，跟「皇文帝書，皆出自然虛無空中結氣成字，無祖無先，無窮無極，隨運隱見，綿綿長存」（張君房輯錄，1996：83）這類結氣字異曲同工（差別介質而已），早已有收於《道藏》中如《上清元始變化寶真上經九靈太妙歸山玄錄》／《洞玄靈寶自然九天生神章經序說》／《太上洞玄靈寶天尊說大通經》／《太上洞玄靈寶開演祕密藏經》／《太上靈寶元陽妙經》等著述共享尊榮（即使那些著述原所結氣字也都經由神授降人譯成一般名言）（龔鵬程，2001：157～167）；而據此類推高華文學等興展演，那這一「轉轍雙結」式的自煥邀名性會比前述那些隨機表露強烈了些。後則的巨型貼地圖案藝術（空間藝術或實用藝術），論者甚夥，多歸為自然力或外星人所創（法林頓，2006；威爾科克，2013；陳炳盛主編，2006；廖惠玲主編，2008；畦澔平，2016），只有此書作者慧眼灼照，從實地考察並無踩踏／遺漬／折損現象及結合異稟人士的靈測研究成果等判斷此乃靈界所為，這樣專巧而易於傳播的自煥邀名策略，顯然也不低發志意。

此類合前三類所滿檔或羅網靈異藝術的分

布，彼此還會有一個相涉或會聚的關係：也就是四類靈異藝術表出方式不一，但有關它們所雜有的創意及其行動等卻無殊異；而就表出方式等同或義近具體形態（表出時形態便現）來說，它們在終極點上也必定要互映爭輝，於是所呈交集的相涉或會聚關係自然就進格了。如圖所示：

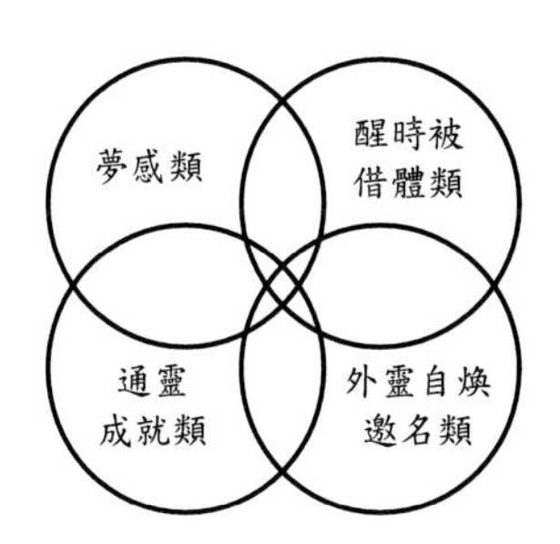

圖中第四類所以加「邀名」一詞，不啻能夠更顯跟前三類的相關進趨性（權力欲望發用／文化理想寄存）無異。換句話說，倘若不用明義邀名來限定外靈自煥這事，那麼前面所列的夢感／醒時被借體／通靈成就等事所通曉的隱邀名就會模糊掉（不盡彰顯）；如今例出了，正好

可以暗示前三類的隱鑠性對定，毋須多加議敘
。

第五章　靈異藝術的造就評估

第一節　複製尚低一級次

把靈異藝術分子的布列依表現方式讓它們體證於夢感／醒時被借體／通靈成就／外靈自煥邀名等，而不別為零拾相關形式（如顯現於實用藝術／造型藝術／表演藝術或語言藝術／時間藝術／空間藝術／綜合藝術等成品）予以細勘，理由是後者的重疊性高（表現方式所意決的常重複見證），無法歸結為類型來方便指稱。

如此定格，不免會使得概念界定藝術和靈異藝術所呈現類型未能一致。但又不然！相關藝術類型所以不取是因為在本範疇內難有固定形態可以具類，而隨機將它派入呈現類型此一更高概括類型中就如同備類了。好處是把所區分的靈異藝術以上述諸呈現類型標名計議，則可順利續為另一課題的討論（也不致造成理路的中斷）。

這個課題是有關靈異藝術的造就評估。在探討靈異藝術可能的分布後，緊接著進行靈異藝術的造就評估，乃屬體例准許或不得不爾的密事（否則無從看出議題的承繼性）。而這可依便以既有的各類靈異藝術給予係聯，據為發露「複製尚低一級次」／「協同促成定格」／「勉力進益高華無比」／「逕炫異還看價差」等果位（依輕重定序）。現在就從「複製尚低一級次」的部分看起。

所見複製尚低一級的靈異藝術，主要是緣醒時被借體而來的。借體者一旦是死後藝術家充當，那被借體者的官能跟祂們在世時的原官能多少會有熟練度或妍巧性的差距（畢竟被借體者沒有先天稟賦及未經長久磨練等緣故連近似都不太可能）。因此，凡是屬於全然複製的成品，在論者的觀察中大多未曾許以等同原樣：

> 1970 年代，一位英國女性，露絲瑪麗・布朗的名字在各地造成話題……李斯特藉著她的身體，發表〈新曲〉……以李斯特的〈

> 新曲〉為起始，不管對於那首曲子，許多音樂研究者都認為：「這根本比不上大師的曲子（是冒牌貨）！」但也有些研究者認為：「這些曲子的確跟大師的作品有許多相似處。」（並木伸一郎，2016：53～54）

> 鋼琴家緬紐（原名未附）就對露絲瑪麗的作品非常感動。她說：「露絲瑪麗是個相當認真的人，她的作品將每位作曲家的風格完美呈現。」當然，也有一些人不以為然，《紐約雜誌》的音樂評論家李奇就持相反意見：「露絲瑪麗所謂的『作曲名家的口述曲』，在我看來不過就是將巴哈、貝多芬、蕭邦、德布西、舒伯特的唱片反覆聽一聽所寫出來的二流作品罷了，一點獨創性也沒有。」（赫伯金，2004a：180）

「許多」對「有些」／「一些人」對「單人」，所不許原樣再現的意見充斥，可見全然複製借體者作品的可能性是要打折扣的。雖然在借體複製的過程中，借體者會設法讓被借體者「融入」他們的傳遞演現中（各有不同），像是「李斯特會一次分成兩、三小節，然後再將自己的靈感傳送到她的手上寫出；蕭邦則是會一個音、一個音地告訴她，讓露絲瑪麗自己在鋼琴上彈出音符。至於舒伯特會用唱的方式，讓她記錄在樂譜上……還有巴哈及貝多芬都是用口述的方式讓她記下音符……通常這些大師級的作曲家跟她溝通時都是說英語，不過偶爾也會冒出他們本國的語言。像是如果在口述時有突發事件導致作業中斷的話，貝多芬就會用德語大罵『混賬』」（赫伯金，2004a：178），但整體上因為官能的熟練度或妍巧性有差距（不論裏頭是否還夾有如引述中那些折騰），該複製品仍然要遜色些！

比較可觀的是借體者所操控新創或續作的成品（不純然複製藉以顯示祂們還存在著），這些新成品跟借體者的舊成品在形式／技巧／風格上究竟酷似性如何，固然還有討較的空間，但就它們能被創作完成一點來說，在靈異藝術的領域裏還是有開了一扇巧便大門的功能（沒有那些死後藝術家的「接續」創作，也許藝術界就會少掉一些精采珍作）。例子如：

> （卡蘭夫人被華斯借體所創小說《希望真實的血液》）不知道這部作品到底如何誕生的評論家，在文藝評論雜誌《亞提姆》中如此地讚揚：「這部小說對於人物性格的描寫十分明確，精采對話更展現作者魅力無窮的修辭能力，是一部兼具深度和熱情的優秀作品。」（赫伯金，2004a：169～170）

> （巴魯多魯達被不知名外靈附身所創傳記《新基督教傳：神人之詩》，在她死後出版）當時羅馬聖書研究所所長，同時也是樞機卿的貝亞（原名未附）曾說：「就解釋《聖經》的層面看來，這部書相當有價值，內容一點錯誤也沒有。」據說教宗庇護十二世看了這套書後，似乎也相當中意。（桐生操，2004：220）

上述都是展現新創成果的作品，論者在無從（未經）進行「前後比較」的情況下評價它們，所依據的常理基本上是可取的（不然就得找尋其他基進性的準據來斷案，那又另當別論）。此外，還有一些續作半成品例（桐生操，2004：171～175；南山宏編著，2014：50），情況也類似：死後藝術家倘若少了這一套借體續作程序，那麼他生前的苦心將無緣被世人所知；而世人也可能因為缺乏那些續作而引發沒得借鏡佳作的遺憾！

但不論如何，由醒時被借體所顯現的靈異藝術畢竟存在著一個官能熟練度或妍巧性差異而終究會有尚低一級次的問題（複製的部分如此，新創或續作的部分當也難免），這毋須再一一追究衡較也約略可以援例給予確定。凡是不同意此一造就評估模式的，想找到新據反制的機會大概也杳如黃鶴。

至於西方早期那些英雄史詩（如荷馬《伊利亞特》／《奧德賽》等，有別於後來仿體創作的人文史詩或自傳史詩）（默欠特〔P. Merchant〕，1986）所別由更高層級或可能更厲害的神靈（繆斯）操控借體開啟的專擅作品（詳見第一章第一節），是否也要比照看待，緣於憑證闕如，姑且就當它是單例而暫不予強論了。

第二節　協同促成定格

尚差一級次的靈異藝術成就，也可能存在非借體類感應者的坦誠自道裏。如前引塔爾蒂尼夢中交易外靈創作〈魔鬼奏鳴曲〉（詳見第四章第一節）後所感嘆的「**這首曲子是我寫過最好的曲子，可是和夢中的曲調比起來，還是差太多了**」（克里普納等，2004：54）。但這只是當事人「依稀彷彿」的感覺（跟他人併列著比對所詳為察知的有別），實際情況到底是怎樣的，由於沒有證據可察（類似前節末所述英雄史詩那種情況），無法確定它的準度（感應者的誤判機率未必為零）。

依輕重定序，所接著能看（談）的便是「協同促成定格」部分。這一部分的靈異藝術，所關連的是通靈成就。根據前面的揭露，已經知道「凡是通靈成就類的靈異藝術，無不體現著上面所述有明有暗／有單體有多體／有易有難等變化，使得感應者要面對爭辯折衝頻譜的考驗，相關待理問題自然多過前兩類靈異藝術的衍展狀況。這既錯綜複雜了可談的節點，又實際亂入了客製化論述不可奢望的變項」(詳見第四章第三節)。因此，對於這類靈異藝術的造就評估，在條理它的總體趨向上就不外有成有不成／有一般有高華等向度。也就是說，通靈成就的靈異藝術有明有暗／有單體有多體／有易有難等變化，都是在有成有不成／有一般有高華等向度的展演上可見的分衍或雜錯（有的會明說有的不會明說／有的僅受單體制約有的則受多體制約／有的易於徵現有的難於徵現等，這所顯明的非一力度或身量，全因成就／未成就及其成就一般／成就高華等績效結算而被有意無意的裁定著；倒過來說也可以)。

當中有成有不成的向度，著重在不成面（成面要連著後一向度說，就不必舉例了)。這連低一級次的成就都不如（但也不能忽視相關努力過程所隱藏的礙事變項)。如：

祂（海明威亡靈）說祂喜歡寫作，也很想寫完祂未付梓的作品。但在祂嘗試讓我幫祂

> 寫，後來又透過另一位年輕女子寫作卻沒成功之後，祂決定要將祂的創作天賦在另一世發揮。當中祂透過一位作家的眼睛寫出祂的真理。祂說祂已經在經歷祂的下一世，而且那部作品已經完成。（拉斐爾〔M. Raphael〕，2012：95）

所謂「那部作品已經完成」，應該是在吹牛，實際上到目前為止還沒有跡象顯示海明威亡靈有新創作品。這類情況所佔通靈成就的比例恐怕不低；而它們連低一級次的功效都談不上，合該歸在光譜的最左端。

扣除只能抱憾的未成例（半成例也入此），其餘就都是已成例。這已成例，全在光譜的中間到右端列名。在光譜中間的為成就一般；在光譜右端的為成就高華。依理靈異藝術都有進益趨向（才需要多它來樹幟揚威），但凡是上不去（或無能轉成）高華的，就只能停留為一般。這成就一般的（從低一級次到更低數級次），大多為特定作品（如第四章第二節所提過的宗教的信物或飾物）而不強求藝術名聲（例子如北美印第安納巫醫在治療時，通靈於沙上作畫，將病患置入畫中，吸取畫的能量，使得健康。該畫為天神來去場所，儀式結束後畫就銷毀而不存跡給人唱名）（安端－安德森〔V. Antoine-Andersen〕，2005：18）。基於量多且品類混雜（薩維奇〔C. Savage〕，2005；拉斐爾，2006；源淼，2007；潘明雪，2013；平易口述，2014）而討論費事，這部分就因屬一般而價位定了，僅以存類名而不詳議。

剩下要詳議的，就是成就高華這部分。二者都是通靈者和外靈協同促成定格的，但相對上成就高華這部分要比成就一般那部分複雜許多。後者聽從指示大多可以滿足（秀慈，2008；如實，2013；吳先琪，2014）；前者則不知要在爭辯折衝頻譜中歷經多少考驗（詳見第四章第三節）。原則上，感應者的通靈（眼通或耳通或心通）是不必被借體的。依前所述（詳見第四章第二節），被借體的也一定通靈，但只取順服度高的；而這多半已成為領旨服伺的靈媒（順服度才會比較高)。像前節所舉被多位藝術家亡靈借體創作的露絲瑪麗就是同時擁有透視力／透聽力的靈媒(赫伯金，2004a：179)，她本身的通靈本事及其願意受驅遣心志可以減去不少折騰。這在能成就高華的通靈者那邊，所以會軋入有明有暗／有單體有多體／有易有難等變化情境的(詳見第四章第三節)，主要就是相關的協同機制難可規律化(根本不知道外靈是如何介入的)，以致該促成定格性著實夾有令人參不透的變項。

縱是如此，這仍然可以據理約略的談論：就是那協同促成的具實面，很可能顯現在強補或汰換的劇力搬演上。就以第四章第三節所舉述的《紅樓夢》鉅製創作來說，驗諸中國古來特具創意的著作如《易經》(開啟卜筮先例)、《詩經》(開啟文學先例)、《莊子》(開啟說理先例)、《史記》(開啟紀傳先例)和《文心雕龍》(開啟文論先例)等，相關綿密的體製精神幾乎都匯聚到了《紅樓夢》這裏，倘若未曾絲毫得力於靈界的助益，那麼想只憑單個人的能耐大概也會遙不可及。換句話說，像《紅樓夢》這樣體大思精且亟於樹立文製極大化的著作，很難純然臆測它可以僅由個別人獨力予以完成（周慶華，2020b：37～38）。

所以要這樣說，是有幾個指標可以藉來如此窺探的：第一，《紅樓夢》回前凡例誌及作者在說過借通靈說撰書後，又說道「今風塵碌碌，一事無成，忽念及當日所有之女子，一一細考較去，覺其行止見識，皆出於我之上……雖我未學，下筆無文，又何妨用假語村言，敷演出一段故事來，亦可使閨閣昭傳，復可悅世之目，破人愁悶，不亦宜乎？故曰『賈雨村』云云」（第一回），這明顯是相矛盾的！也就是說，作者既然是要借通靈說來寫書，那麼書就不可能變成一本實錄。那我們究竟要相信那一段話？當然要相信前面那一段話，因為《紅樓夢》是小說而不是日誌；同時也要一併理解假借通靈是真實通靈的反話。第二，《紅樓夢》開頭借石頭道出了此書不比尋常的原委「歷來野史，或訕謗君相，或貶人妻女，奸淫兇惡，不可勝數。更有一種風月筆墨，其淫穢汙臭，屠毒筆墨，壞人子弟，又不可勝數。至若佳人才子等書，則又千部共出一套……故逐一看去，悉皆自相矛盾，大不近情理之話，竟不如我半世親睹親聞的這幾個女子，雖不敢說強似前代書中所有之人，但事跡原委，亦可以消愁破悶；也有幾首歪詩熟話，可以噴飯供酒。至若離合悲歡，興衰際遇，則又追踪躡跡，不敢稍加穿鑿，徒為供人之目而反失其真傳者」（第一回），石頭這一去塵世歷幻走一遭，已經是虛構事了，又如何能言鑿說實且跟凡例那段話相呼應？難道這不是感靈而有後的「閃爍之詞」？也就是說，正因為外靈如此交代或自己隨後有意迴避，所以《紅樓夢》作者才要故弄玄虛，而讓淺識的讀者摸不著頭緒（來顯高明）。第三，《紅樓夢》作者借石頭道出那段原委後，又借空空道人的私忖說「上面雖有些指奸責佞貶惡誅邪之語，亦非傷時罵世之旨；及至君仁臣良父慈子孝，倫常所關之處，皆是稱功頌德，眷眷無窮，實非別書之可比。雖其中大旨談情，亦不過實錄其事，又非假擬妄稱，一味淫邀艷約、私訂偷盟之可比。因毫不干涉時世，方從頭至尾抄錄回來，問世傳奇」(第一回)，這又再一次曝露此書不能不感靈因緣，因為那裏面正在為「書實是在傷時罵世」脫罪哪！表面說是不干涉時世，實際是處處在干涉時世（書裏批評官場習氣、暗諷倫常失軌和指斥淫戲虛無的世情又何其多)，這豈不是「此地無銀三百兩」說詞的寫照？那為什麼《紅樓夢》的作者要這樣說？可不是感靈寫得太多了要留點空隙給人偷閒喘息一下？也就是說，《紅樓夢》作者越要製造弔詭獵奇越掩飾不了感靈完構的事實。這是說假借通靈說終究假不了，那些同樣有文才的外靈們早就在背後密議協助作者打點文字江山了（周慶華，2020b：48～49)。

這類隱性質同顯性的感靈而創作成《紅樓夢》一書，具體情況概略推測如上（裏頭還有眾多來不及細述的靈現異象／感靈駭異／神靈怪異等靈異現象精嵌在內對會)。這所併連證實的通靈成就類靈異藝術乃協同促成定格一點，應該可以貫通到同樣不世出成品的理解上。而由於此一特性隱著體現在未成就／一般成就／高華成就等系列劇演中（尤其有高華成就一項），所以它的造就評估依輕重定序理當比複製低一級次那種純數高格些或進層些。

第三節　勉力進益高華無比

協同促成定格的靈異藝術所高格或進層於複製尚差一級次的靈異藝術，關鍵就在感應者自主程度上驅藝力的有無（自主程度上驅藝力備有者所能獲得外靈協同促成的機率較高）。這跟缺乏此藝力而只因性可被借體的感應者所顯現的能耐，彼此的調質自然有別。而同樣依輕重定序，可以繼續再看的則是「勉力進益高華無比」部分。

這一部分的靈異藝術表現，援例所關連的是夢感。而相似的根據前面的揭露，可以確定「例證中（主要的）外靈不是神靈就是鬼靈，層級都高了一點，所顯現的藝術能力也比當事人強，這在夢感類自然要居主位而可為冀仿者期望的對象」（詳見第四章第一節）。這所按演序先論了（緣於它上演時只在夢中而不雜其他麻渣儀節），隨後的造就評估據理就在此進行。

案例中所見外靈的藝術能力加被而使感應者更新創作，該「特見奇巧而准類化的」情況（

詳見第四章第一節），固然也包括全程性夢感那種幾近被借體實務，但二者在當事人可有無相當藝力先具一點還是大不相同（純粹被借體的當事人不會先具藝力）。姑且再舉二例以見一斑（一隱一顯）：

> 司馬相如為〈上林〉〈子虛〉賦，意思蕭散，不復與外物相關，控引天地，錯綜古今。忽然如睡，煥然而興，幾百日而後成。（劉歆，1988：1076）

> 促成藝文創作的做夢事當中，最著名的或許就是 1816 年柯勒律治（S. T. Coleridge）吸了鴉片入夢那起事例。那次他醒來時，腦中裝了 300 行詩文，謄寫到一半時卻被打斷，有人來訪，待了將近 1 小時。等到柯勒律治回頭處理那部詩篇，原先在夢中顯得那麼生動鮮明的內容，卻只剩了零星記憶。這就能夠解釋，為什麼他的傑出詩篇《忽必烈》的最後幾節，似乎跟前文連貫

> 不上。（蘭德爾，2013：111）

前則未明說內情實為夢感；後則明說夢感內情而遭打斷卻無妨正例，彼此都展現了「勉力進益高華無比」的一面。也就是說，當事人全在已具藝力（一為賦家一為詩人）的情況下為外靈藝術能力加被而更新創作了。這要找旁證，那可舉的實多。如：

> 夢一再命令數學家卡登（J. Cardan）寫下他最著名的書《論細微之物》；每當卡登疏於寫作，夢就會以強大的力量催促他。（克里普納等，2004：54）

> 克里普納收集 1990 年到 1998 年間在阿根廷、巴西、日本、蘇俄、烏克蘭和美國工作坊成員的 1666 份夢紀錄，從中找出 5 個創造之夢，這 5 個例子都能運用夢的內容以創意處理日常生活的問題。（克里普納等，2004：60）

> 匈牙利科學家聖捷爾吉（A. Szent-Gyorgyi）分離出維生素C，並以此榮獲1937年諾貝爾獎。他表示這得歸功於他的夢經常提出解決做法，幫他清除製造生產的絆腳石。（蘭德爾，2013：111）

> 1865年，德國化學家凱庫勒（A. Kekulé）投身鑽研苯的一種結構模型。苯是種重要的工業溶劑，它的化學組成始終讓當時的工程師和科學家困惑不解。凱庫勒有次從夢中醒來，腦裏浮現一條蛇啃食自己尾巴的影像，他躺在床，領悟到苯的化學鍵可以套入這種六角造形。這項發現對德國工業界至關重要，於是凱庫勒獲封一個貴族頭銜。（蘭德爾，2013：110～111）

同樣的，上引這些異能人士本身如果不是先具有相關才能，那麼一旦夢感了也變不出什麼花樣來（何況那根本不可能發生這類夢感機會）。

因此，夢感類的靈異藝術所造成勉力進益高華無比現象，它就是一個接遇允有增衍不限（或說不定有多廣延）的代稱。裏頭有先進的外靈在相機行動，外面有感應者精益求精的表現可被伺機以待，兩相圓足滿喜。

這在計類隆世方面，原則上（可以）不理前面所連帶述及一些諷世寄寓的偏瑣碎夢感情況（實際上不與此一「勉力進益高華無比」的效益期待），但併看想及「夢感類的靈異藝術還內蘊著人實無可炫才的必要覺悟為至貴」（詳見第四章第一節）依舊有需要強調，因為這著實關係到先前所開列的一個課題：「藝術創作所依恃的才，凡是有與生俱來的，也幾乎都得靠神靈的愛惜護佑，方能維持在創作平臺上的慣使無礙」（詳見第一章第二節）。

更貼切的說，某些陸續在進益中的鬼靈也可能加入這一「愛惜護佑」行列，使得靈異藝術的得意門大開。顯然此信見所發的神靈（鬼靈）從旁愛惜護佑或別為挹注觀點，會讓前面揭開的一項議題「與生俱來的才藝已經關連靈異，而該才藝能持續不輟或轉生光華，更是離不開靈異」(詳見第一章第二節)不得不在諸多顯豁事證中確立下來。而背後還隱藏著該神靈何以比人厲害的問題（相信很多人都會這般追問)，也不妨藉此機會順便疏通一下。

神靈／人靈都源於自然（西方一神教的創造說無力解決神來歷問題，不取；而印度佛教的緣起說將人神的存在都後推至無窮，等於逃避問題也不取)，所屬中國傳統力主的精氣形質本無異(詳見第二章第三節)。當人（投胎入世）特別稟有與生俱來的相關才藝時，一樣的自然靈也有相同際遇（祂們的才藝稟賦相通於人未投胎入世時狀況)。但因為人多了肉體的束縛，有關才藝的展演難免會間遇障礙或頓生枝節，以致減分情況隨機可見（只有在勤練後才能恢復或朗現部分精巧性)；而這於自然靈沒有這種限制，所以當祂們稟賦有超逾或勝過人時，就可能孳生藝欲而加諸人身上，精微體現出一系列惜護或挹注戲碼。這在夢感一事上，想必祂們認真評估過了：採用這種方式特別容易見效，感應者可以在關鍵時刻洞悉絕妙處而予以全然接受（倘若改採別的方式，那麼相關的變項多不免會降低效率）。也因此，夢感類的靈異藝術早已有驅上的想望被計慮著（才如此迷戀去實踐它），而實際上外靈也隨時在伺機要一展長才，兩相扣合終於有了這一類靈異藝術的演出。這樣它的依輕重定序就因為有此一上驅的隱性堅持及其體現明證，所以比前兩種的價位要頂上去一點。

此外，夢感類的靈異藝術還有一點但屬鬼靈好事或遺願閒攪的餘緒，並不關緊要（就當是笑談），隨便舉例見識一下也可以（但不必多加解釋）。而這則略有協尋原作和辯解己作等情事，如：

> 1321 年，著名的詩聖但丁去世。不過當時他的不朽著作《神曲》的稿件尚未完整，還有一部分的原稿不知流落何方……就在此時（打算要放棄出版《神曲》）的某個夜裏，亞哥勃（原名未附）做了一個相當奇怪

的夢。夢中的父親但丁……告知亞哥勃，稿件就放在他房間裏的一個祕密角落……所以但丁的名作《神曲》一直到這個時候，才算完全地大功告成。（赫伯金，2004a：166～167）

僕嘗夢見一人，云是杜子美，謂僕「世多誤會予詩〈八陣圖〉云『江流石不轉，遺恨失吞吳』，世人皆以謂先主武侯欲與關羽復仇，故恨不能滅吳，非也。我意本謂吳蜀脣齒之國，不當相圖。晉之所以能取蜀者，以蜀有吞吳之意，此為恨耳！」此理甚近。然子美死近四百年，猶不忘詩區區自明其意者，此真書生習氣也。（蘇軾，1971：卷二13）

這似類而實不名（沒有實際感應而新創成品）；倒是當事人所反指的「書生習氣」（不知作品的解讀不一本屬正常）／淡定口吻所發出的一些詢問（只要不毀於天災人禍遲早會被發現），迫得該夢近似兒戲／顯義不大，無從比照予以依輕重定序。

第四節　逕炫異還看價差

看過（談過）了靈異藝術所可被評估的「複製尚低一級次」／「協同促成定格」／「勉力進益高華無比」等造就績效，還有最後一例「逕炫異還看價差」，這部分也得從輕重定序中加以披露。由於排列已經置後（所顯頂層的用意昭然若揭），並毋須贅以解釋，以致相對上可談論的細節遠不如前幾節。但這只是表面徵象，內裏必須嚴予辨析的地方依然不少，還是得像前面那樣加論別識。

所出「逕炫異還看價差」一語，關連的自然是外靈自煥邀名類的靈異藝術表現。中間的事實描述「逕炫異」，相應性可以不表（比通靈成就類還得「勉力進益」高段多了）；而定價用詞「還看價差」，似乎會危及頂層取意。但又不然！前面所評估各類靈異藝術的造就績效，詞名「複製尚低一級次」／「協同促成定格」／「勉力進益高華無比」等本就帶有彈性空間（並未截然斷案／即使是高華無比那一語也是向著「

趨前才有」意說的），於是此地出以還看價差疑語，仍然例同而不妨據為證論。

比較需要一併疏釋的是「逕炫異」緣由部分。它所以要全然自別於感應夢中／借體醒時／對接通靈等，究竟有何苦衷或調門，應當有一番推測交代，才能無礙的續談下去。而這不妨依理看待：對接通靈和感應夢中等都嫌費事（不如逕行表露來得暢快）；而借體醒時，內裏有神靈的高自視（神靈在面對人時基本上都會自視甚高）嚴面，鐵定不幹！畢竟平常降乩或薩滿的多為鬼靈或鬼靈升格的（貝林格，2005；薩維奇，2005；蔡佩如，2001；蔡州隆，2013），純粹的神靈大概沒興趣兼務此道。

這（逕炫異）如果是純神靈所為，那麼直採該方式是理所當然；如果雜有鬼靈（或物靈），那麼所雜鬼靈被告知或隨覺要採行該方式，自不會有「非份之想」。前者，如《雲笈七籤》（張君房輯錄，1996）所載有甚多典籍（如《三皇經》／《諸天內音經》／《內音玉字經》／《玉帝七聖玄記》／《八素經》／《太霄琅書》／《胎精中記》／《外國放品經》等）旁證都由天神結氣字而成，類推存待藝術作品必定也會似此逕直炫異。後者，如麥田圈的經營，最早出現在英格蘭，後來英國漢普郡／威斯特一帶屢現，20 世紀 80 年代起頻繁在各地亮相（包括英國／美國／加拿大／日本／丹麥／德國／澳大利亞等都見踪跡）（法林頓，2007：171～174）；據地大多選擇古代大漩渦點和大型紀念物附近的麥田（威爾科克，2013：366～370）；也已排除了不明飛行物／惡作劇／旋風／直升機介入的可能（法林頓，2006：166）；而所顯明現場未折斷麥稈／不影響麥穗生長／無踩踏壞物痕跡及圖案宏偉壯美多變等整體創製（西爾瓦，2006：A1～A16），這發動的靈力無數難免要神鬼合作出擊（神靈策畫／鬼靈執行或也參與擬計），並且逕直炫異以凸出人類所無力超創（複製也不可能全像）的缺憾！

可見外靈自煥邀名所彰顯的定然逕炫異會或有可能更驅上一節（還停留在相對貧乏屬通俗／簡易例階段的那部分，就視輕不提了），保證了它比前幾類靈異藝術都要值得被討論。只是仍舊由人所據理評價（標準取自現實界而未能探得靈界或許有異），它炫異所成的藝術作品究竟能否以極致性看覷，就不盡然有規制了（麥田圈可許以極致而其他的未必）。所以還看價差，就是保留給大家衡權斟酌去裁定。即使如此，它內建的逕炫異超常一理，前幾類靈異藝術還難以比肩，馴致在依輕重定序上自然要頂到終端了（逕炫異在相當程度上已顯價高，以致比價差就可以定位在「價高差」而不影響到相關定序的編排）。

對於這類靈異藝術倘若還見識另樣表現，那麼曾經發生的鬼靈戰爭戲碼或許可以滿足此一需求。它一樣以堪比麥田圈壯闊的劇力萬千新姿態在逕炫異，如：

> 1577 年 6 月 28 日，在太陽下山後一個半小時的光景，法國安貝拉山區村子裏的男女老少，看見天邊出現了一羣手握利劍和匕首的人，像蝸牛一般迂迴走向北方……

片刻之後，一陣迷霧捲走了這羣軍隊，剩下 3 個武裝的強壯鬥士。他們之間展開了激烈的搏鬥，但沒有受傷的樣子。停息了一陣後，鬥士用手往肚子前一貼，表示敬意，隨風而去了。（方迪遜〔O. Foundation〕，2005a：23）

300 多年前，在英國的凱東地區，有一天夜裏，突然半空中出現了兩支穿戴著金盔甲的軍隊，他們橫刀躍馬，互相廝殺 這是兩個多月前發生的埃奇．希爾戰役的再現。這一天是 1642 年 12 月 24 日 0 點到凌晨 1 點。當地的牧羊人、農民仰望天幕，目擊了皇家軍隊被議員黨人擊敗的全部過程。到了耶誕節夜裏，2 軍又在天邊出現，展開了一場激戰，還伴隨著陣陣奇怪的響聲。激戰的天空中人山人海，雙方的戰旗歷歷在目。3 個小時的酣戰結束時，只留下一片荒涼、寂靜的蒼穹。（方迪遜，2005a：22）

> 20 世紀 80 年代初的盛夏，在地中海海灘上渡假的人們，曾在黃昏時刻，親眼看到愛琴海上空出現了冷兵器時代的戰爭場面：在湛藍無垠的天幕上，戰車滾滾，塵煙瀰漫，身穿鎧甲的士兵們手執盾牌長劍正在浴血奮戰；主帥騎在大象身上指揮，將軍縱橫馳騁，戰場上屍橫遍野，血流成河，壯烈的場面跟《荷馬史詩》所描寫的特洛伊戰爭差不多。（方迪遜，2005a：21）。

先前我曾以集體心理象徵去解釋此事：「類似這種鬼靈戰爭的靈現異象的轉述，在現實中也是可期待有經驗的角色來進行；他們的語不驚人死不休的聳動效果一旦出現，連著就會有更多同類型的案例上場；而轉述過程所有意無意強調的所見如實的認知框架，也頗有不容他人懷疑的態勢。這都會把靈現異象的心理反應推向集體性上，而少了個別心理的猶豫掙扎的空間。換句話說，靈異恐懼經個別心理的相互感染連結後，會形成既恐懼遇見又喜歡聽聞的現象，而居間傳播則又是藉機牟利的便捷途徑；這些集體性徵的社會化後，個別人的因為不信而抗拒或反駁就顯得徒然。」(周慶華，2006a：138）現在則要別立準則來當它是靈界的劇演（由引例中所見戰鬥次第都以消氣散戲形態收場，猶如現實界的片場或舞臺情況，研判它們也是在搬演戲碼為一綜合藝術)。這有否發揮拓展或推廣逕炫異的作用，就讓大家隨興掂量了（因為證據不很足夠，我就不開議了)。

同樣的，在這章末所能給有關造就評估收尾的，無疑的是四類靈異藝術顯現果位特徵的內在關連。這種關連徵候著外靈的能動性可變化空間，仿效者的選定自決當有一個效率管道，辨認從容且便於依憑。而這則有現成方案，如圖所示：

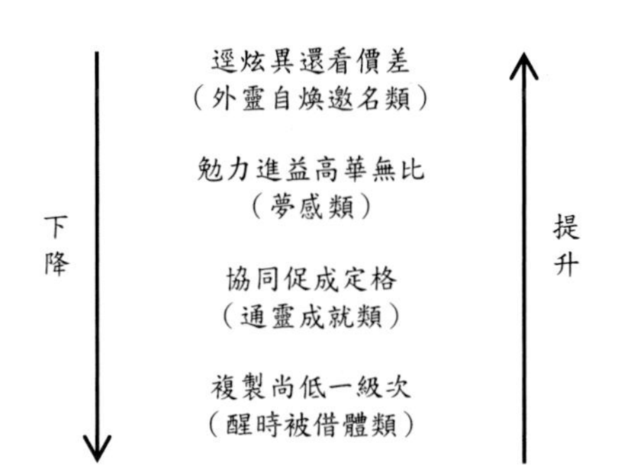

外靈可以操控人，人只能盡心（配合外靈的制約），致使整體靈異藝術所給外靈的權限，便是在「複製尚低一級次」／「協同促成定格」／「勉力進益高華無比」／「逕炫異還看價差」這四層效益間的往還易動：提升則格漸高；下降則格漸低。外靈和人終究得有所依違而試為中意抉擇：成了看它昇華；反啦等著倒退。而據本脈絡架構，繼陳列靈異藝術可溯的分布後，所深入靈異藝術的造就評估，到此就告一段落。

第六章　靈異藝術的功能

第一節　摶成才的審定依據

所接著要論述的是有關靈異藝術的功能課題，這在本脈絡的架構中（依序）乃深入靈異藝術的造就評估後緊相要處理的。由於所揭露「複製尚低一級次」／「協同促成定格」／「勉力進益高華無比」／「逕炫異還看價差」等僅是關係靈異藝術的成就；而緣此價（果）位看它們可以發揮什麼作用或影響力，則為靈異藝術的功能所在。這一功能（功用能量）的發處，也正是靈異藝術重返現實界從新被認可估質的開端，沒有人可以忽視它而還能暢談或奢想藝術的控勒／變異／精進等議題。

後者（指有關藝術的控勒／變異／精進等議題），是說純定格在現實界的談論方式常有脫略及其罅隙頻見現象，必須連結到靈界才能給予扭轉彌補；而這所許定為靈異藝術的功能，就是在為此議題綴加名目，一切談論都要有相繫的察覺才夠貼切圓滿。至於攸關的功能性所及，則有「摶成才的審定依據」／「造就藝術生發演變的判準」／「有助於創作和接受經驗的昇華」／「可給藝術教育留一彈性空間」等領域可以係聯。現在就依所陳列次序（實際上不必有固定次序），先談「摶成才的審定依據」一項。

世俗習慣把造成（摶成）才的審查判定依據，定位在「先天資稟」和「社會甄陶」等變軸（錢谷融等主編，1990；黑澤明，2014），甚至極端的限制在外在現實或歷史文化各種訊息累積在意識底層而突然朗現外發的泛理則上（林建法等主編，1987；劉雨，1995；周冠生主編，1995）。前者的「社會甄陶」只是強化而非源頭，所以有一半誤失；後者全採唯物論觀點而無力解釋不關唯物的藝術表現何以可能，因此也大為偏離。這兩種依據都不採信後，所剩只有先前所提過的「天縱」／「天啟」說（詳見第一章第一節）可以選擇（上引「先天資稟」半是的說詞，原著未細論的此地可以幫它補足）。

當中天縱部分是靈存時便具（才份多寡難以測定）；而天啟部分則是外靈憑附啟導時所見，彼此又多有迴環激盪爭發的現象（詳見第四章）。前者乃獨蒙榮寵而被鑠定，才質屬與生俱來且無從追踪；後者乃續獲惜護而被開拔，才質屬後天添加且略可指數。因此，相關才的摶成該審定依據，就多半只能從實際受惜護的表現處予以裁決。這看似名虛而實不隨（不跟著蹈虛），因為才的判別早已普遍取則於此相沿成習了（就當真看）。換句話說，只有當諸般惜護加持而藝創成果能被察見，才的審定方能「據以成形」（無法憑空推定背後還有多少才份介入此一藝創行動）。這種以表現成就為依據所審定才的摶成如何，大致上已經是世上的共識（也就是世人無法不根據相關表現成就來評斷才的多寡／而未明說它依憑所自的也不代表該事不存在）。

現在需要呈據的是該惜護（愛惜護佑）加持乃真實而非虛妄。這在第四章陳列靈異藝術可溯的分布時已證成了一半；另一半則是它的普遍化認定問題。依四類靈異藝術的成形來看，醒時被借體類是借才所致；外靈自煥邀名類是識才（能描摩傳播的才）所致；夢感類／通靈成就類是顯才或逞才所致。就才來說，都沒有差別（才實無異），有差別的在出處。這一出處有個被借體的感應者，姑且認同他兼有靈媒身份（詳見第五章第二節）。此靈媒身份，乃是有特定作用所被（神靈／鬼靈）選定能通靈的中介者。而該中介者，在中國傳統向來有巫覡一類通俗的稱呼：「古者民神不雜。民之精爽不攜貳者，而又能齊肅衷正，其智能上下比義，其聖能光遠宣朗，其明能光照之，其聰能聽徹之，如是則明神降之，在男曰覡，在女曰巫。」（韋昭，1974：401）所謂「明神降之」，是指神靈降臨給訊息取聽或直接借體言宣示意（劉還月，1996：85；宇色，2011：268）。整個歷程，在中介者所能演示的不外有藉舞容、祝禱和符咒等儀式以召請神靈臨場垂示（段玉裁，1978：203～204；陳壽，1979：232；何休，1982：30）。至於扮演該中介者的人，在古代進入（晉身）官僚體系後，則又別有史祝宗卜等職位且在傳承上另加一些必要的養成程序（這相沿流傳於民間的，則有坐禁／習術／持咒／訓體等考評流程，以確保通靈人媒介身份的穩定性或持久性〔林富士，1995；蔡佩如，2001；陳信聰，2010〕）。而這則有要典《周禮》敘儀性／《儀禮》著儀式／《禮記》發儀義等嚴予定調後，莫不顯示它已經成為傳統禮俗中重要的一環；同時也有如《周易》予以完結相關微妙體驗的形構（周慶華，2021b：32～34）。

有關中介者的成形自然是這樣，但沒被計入一樣通靈而可為中介者的卻無緣或予以抗拒的（櫻井識子，2017；陶貓貓，2019；張其錚，2019）則毋須如此勞煩。前者乃因順服度高及其質地堪用而被選中；後者則一向不知所從來且演出也無常軌可尋，當是一帶有普泛性（只是有人不明表或未詳為察覺罷了）。換句話說，實際通靈一事為「人盡其然」（而非部分人的專屬），所差異僅在自覺或體察的程度不同而已，畢竟神靈／人靈／鬼靈／物靈全是精氣（詳見

第二章第三節）本當互通一切豈能有例外來容許反說！也因此，被選中而被借體的感應者藝創一旦開啟，其餘所有同樣隱顯通靈者藝創經由夢感或直接通靈成就或感知外靈自煥邀名，也就因「允有類及」或「許另推衍」而必然成立了（或說別無他則）。

這把藝創和外靈惜護加持的因果關連予以定案，除了上述該一意欲性必要條件在支持，再來就是所有驅上（也實際有）的靈異藝術都顯明化由外靈介入始成此一充分條件作保證（沒有人能缺此機緣而自鑄超卓藝術成品）。這樣續出的天啟（被借體者的新創或續作部分可視為類天啟），所流露出來通泛感應者克盡高等藝能的事實，乃連帶證成了所謂才便是神才（鬼才／物才）人才的綜合體（不能單獨計量人才）。因此，這一見解可以用來理解像孔子的出生跟他父母禱於尼山和參與國君主持祈雨的野合活動有密切的關係（周慶華，2008：27～40）而一路無不深受天神的調養／照護／啟迪等（詳見第四章第三節），很難（或不可能）僅當他的高才是自我摶就；此外所彰顯會被發掘的如〈魔鬼奏鳴曲〉／《紅樓夢》／麥田圈等上趨靈異藝術（詳見第四章第一、三、四節），也都無例外的入數實具，不必再徒勞旁徵或另覓信據了。

第二節　造就藝術生發演變的判準

通常所謂的藝術，在不跟凡庸或平泛的俗流並稱時，都指向特具審美價值的對象，也就是非常的藝術成品。這種非常的藝術成品，有一定生發演變的過程；而此過程只要是無從解釋（如何可能）的，把它放在靈異藝術相關的境況，大抵就可以獲得解決。因為這裏面有一個外靈（特別是神靈）的藝才在理上會超逾或勝過人而使得藝創成就可以無限衍加的前提保證（詳見第五章第三節），以致該過程所脫略於世俗能解釋的範圍，向此神祕領域去係聯就可以讓案情大白（不必強拉外星人此一更屬外溢的變項來攪局）。

事實也證明，外靈早已多有介入造成藝術的精湛或隆盛（詳見第四、五章），這整體效果就稱為靈異藝術，致使在形式上藝術就是靈異藝術；而在實質上靈異藝術的技巧／風格等也就是大家所感受到藝術的具體演現。在這種情況下，所已知靈異藝術的一切自然成了有關「

造就藝術生發演變的判準」。換句話說，一般藝術（應該說造詣精湛的藝術）所以會有生發演變的美感歷程，都緣於靈異藝術的先在；而先在的靈異藝術就是由外靈介入所創作的藝術成品。因為有這一關係作根據，才說藝術／靈異藝術在形式上和實質上都不再出現任何差別；所剩就是相關判準取證能否益增廣面的問題。

就像前面所述那樣，「實際通靈一事為『人盡其然』，所差異僅在自覺或體察的程度不同而已，畢竟神靈／人靈／鬼靈／物靈全是精氣本當互通一切豈能有例外來容許反說」，以致「被選中而被借體的感應者藝創一旦開啟，其餘所有同樣隱顯通靈者藝創經由夢感或直接通靈成就或感知外靈自煥邀名，也就因『允有類及』或『許另推衍』而必然成立了」（詳見前節）。這在此地要接著談的「造就藝術生發演變的判準」一項，它的靈異性就更深微遍在而無從旁騖找新方了。至於相關判準取證能否益增廣面此一純屬技術意識，那就由底下幾個層面的兜轉揭諦來給予顯豁。

首先是開拔利鈍應制。藝創的起始（藝術生發）此一初階關鍵事件，在開拔上常有利鈍的差別。它所應制（相應體制）的無非是外靈介入的有無：有外靈介入的便能動元以至於沿路受到惜護而創作不輟；沒有外靈介入的則一無動元跡象且難以渴望中途自我歧變。以語言藝術的創作為例，這種易涉「艱難的有無」情況會更為明顯：

> 那年冬天，我前往明尼蘇達……我打了一通免付費電話給丹妮拉：「嗨，寫作進行的如何？」「娜妲莉，喔，我的天，我整個早上坐在這裏試著想要寫點什麼。我在窗前擺了書桌，放上乾淨的稿紙和一支筆。現在我要怎麼辦？」我告訴她讓手動起來開始寫。（高柏〔N. Goldberg〕，2009：179）

> 我的思緒飄蕩開來，1978？那年我做了什麼？《幕府將軍》！我讀了《幕府將軍》。於是我開始寫：妮爾坐在門廊前的鞦韆上

> 讀《幕府將軍》。從那一幕開始，我進入了事件的核心。我把故事的時間擺在夏季，因為我寫作時是夏天，就讓小說裏的天氣和寫作當時的天氣一樣吧！（高柏，2009：183）

這除了一小部分跟所處環境迥然不同有關（前者完全不知道為誰而寫以及寫了可以在那裏發表和能夠掙多少錢；而後者則很清楚她寫的東西可以出版和知道在什麼地方申請補助）（周慶華，2016：33），主要還是緣於外靈介入開啟此一隱微因素的左右：凡是「思緒飄蕩開來」可動元無礙的莫不有外靈的起導或點化（純粹為自我藝力表現的固然也有，但不會持久或多衍變）；否則只能思緒枯竭的坐等時光流逝（質低或緣淺的連被借體書寫的機會都沒有）。其他像造形藝術（如繪畫）／時間藝術（如音樂）等一旦動元無著的，也不能如常人所失望於才份的闕如（因為還有被借體一種情況可以改變事實），該由有無外靈的介入來決定此事。可見在開拔利鈍上，靈異藝術作為判準一題不言可喻。

其次是捷速衝頂應制。繼藝創的起始後力續此一進階關鍵事件，在時效上也常有捷速衝頂與否的相異。它所應制的也無非是外靈介入的有無：有外靈介入的就可能快捷迅速而滿盈成就；沒有外靈介入的則要在原地踏步而罕見績效。前者如：

> 在某種程度上，孟克（E. Munch）對自身經驗的描述和病人恐慌症發作時的感覺相當吻合。他非常了解自己在這段期間的精神不穩定狀態，這有兩項證明——他在這幅畫（〈吶喊〉）的上端用鉛筆輕輕寫下一句話「只有瘋子才能畫出這種畫」，以及 1905 年所寫的一段文字：「好幾年來，我幾乎和瘋子無異。那段期間，『瘋狂』的可怕臉孔舉起了它扭曲的頭。你知道我的畫〈吶喊〉。我被拉到了極限，大自然在我的血液中吶喊，我處在崩潰邊緣。」（波恩－杜貞，2004：168）

> 有個專業舞者提到麥可（M. Jackson）肢體的靈敏：「從他結合各種動作的自創舞步中可以看出，他真的是一位藝術家。旋律、停頓、抬腿、拉開夾克、轉身、定立，他在腳步後推的同時又滑步向前，旋轉三次瞬間彈出腳趾。這是他的招牌動作，也是大多數頂尖專業舞者不會嘗試的舞步……」麥可公開宣布說：「跳舞的時候，我覺得被某種神性的東西感動。在那些時刻，我覺得我的靈魂騰空飛舞，和所有存在的事物合而為一。我成為星星和月亮，我成為愛人及被愛的人。」（羅柏茲〔C. Roberts〕，2009：36）

畫家和（流行）音樂家在藝創時「被拉到了極限」／「被某種神性的東西感動……靈魂騰空飛舞」等，就是外靈介入所顯能外溢的，他們外表衝向頂峯的那股勁道，內裏無疑的有來自外靈的協助促進。至於後者，已無績效可述，乃盡屬凡例，就毋須加以舉例了。縱是如此，事實上同樣都衝頂了，該捷速也有可能是拉長式的（未必如上述所見那樣觸目可及）。例子如：「（左思）造〈齊都賦〉，1 年乃成。復欲賦三都，會妹芬入宮，移家京師，乃詣著作郎張載訪岷邛之事。遂構思 10 年，門庭藩溷皆著筆紙……及賦成，時人未之重。思自以其作不謝班、張，恐以人廢言，安定皇甫謐有高譽，思造而示之。謐稱善，為其賦序……於是豪貴之家競相傳寫，洛陽為之紙貴。」（房玄齡，1979：2376～2377）左思 10 年才寫成〈三都賦〉，看來太過翻騰困頓了。殊不知這裏頭所涉及爭辯折衝的情況甚為複雜（遠非外人所能深透想像），既然最後能衝頂成功了，那麼外靈有的斷斷續續的助益仍無法絕然否定。也因此，在捷速衝頂上，靈異藝術衍緣作為判準一題自然是理所當然。

再次是習僻增華應制。外靈介入的有無而使得藝創顯現開拔利鈍／捷速衝頂等差異，在該所屬初階／進階關鍵事件以外，還有一樣隱性的額外關鍵事件也在徵候著藝創的成效，那就是習僻增華。它的應制性明示在外靈介入促成藝創者習僻緊黏，終而增華（增加華采）了藝創的身價果位。像萬能才子達文西（L. da Vinci）的異端（張微編著，2005）、雕刻家米開朗基羅（Michelangelo）的苦行僧（波恩－杜貞，2004）、畫家梵谷（V. van Gogh）的瘋狂（鄭治桂等，2009）和音樂家貝多芬（L. van Beethoven）的暴烈（羅蘭〔R. Rolland〕，1996）等，他們比一般人多出來強著的隱源式習僻，就不知道外靈介入操控的程度有多深：那都是為了被自覺和他覺的憑藉（有此習僻才能更為加強相關藝創的顯揚力道），背後實有著外鑠者一番苦心的度量。而這在文學家的表徵上尤為多樣化：好比王羲之有愛鵝癖、劉邕愛吃瘡痂、王安石不愛洗藻、霍夫曼（E. T. W. Hoffmann）喜歡把加了荷蘭芹的餅乾綁在鼻子前、薩德（M. de Sade）十分迷戀各種巧克力、大仲馬（A. Dumas）寫不同文體要用特定顏色的紙、雨果（V. Hugo）要脫光衣服才能寫出好小說、海明威（E. Hemingway）特別喜愛站著寫作和狄更斯（C. J. H. Dickens）要穿著晚禮服才有靈感等（柯特萊特〔D. T. Courtwright〕，2000；方時雨，1986；殷國登，1986；黃秀如，2005；釋妙蘊，2005），都是有名的例子。雖然這些習癖常人也偶有，但都不及文學家可以轉為創作有用的資源；而比起一般習慣從文學家的天份和努力解釋他們作品產出的可能性，這種習癖因緣則足以成為「文學的另類寫真」（陳雅音，2011），不妨另具隻眼從新予以看待。而最重要的是，在這習癖的背後，有一個文學家專屬的心靈空間。如：

> 彌爾頓（J. Milton）是躺在床上進行創作的；而納博科夫（V. Nabokov）在三吋寬、五吋長的卡片上寫作；濟慈（J. Keats）要穿上他最好的衣服來寫詩；薩克萊（Thackeray）則無法在自己家裏從事寫作，必須在旅館或者俱樂部之類場所才能進行創作……波普（A. Pope）只有在身旁放上

> 一箱爛蘋果的時候才能寫作，那種腐爛的氣味可以激發他的靈感……麥唐諾（F. McDonald）就在節目裏自曝，他習慣一絲不掛地在阿拉巴馬州家中的陽臺上寫作。（漢彌爾頓〔J. M. Hamilton〕，2010：14）

這不論創作時置身在什麼地方，或者喜愛怎樣的陪伴物（包括裸體在內），那都是不能被侵犯剝奪的運思領域；如果沒有了這一運思領域所再現的專屬的心靈空間，創作就會變成艱苦的奮戰或什麼也不是（周慶華，2016：233～234）。表面狀況自是如此（沒有人會反對這個可能性），但裏頭存在的靈動變項大概就不會這麼單純。換句話說，從靈異藝術的角度觀看，凡是有捷速衝頂表現的很難沒有外靈的憑附啟導（或憑附顯能或啟導表出），那上述這些可以增華的習癖（實際上也能見證）就不大可能缺乏外靈的塑形搏造；直到相關藝創停止或終結了，該習癖才會一併減卻或弱化（以至於恢復常態）。至於會讓藝創停止或終結的影響因素，則端看外靈是否撤離以及自我本能（次等表現）能否嗣續再邀而定。有個例子說到：「（江淹）嘗夢郭璞謂之曰：『君借我五色筆，今可見還。』淹即探懷以筆付璞。自此以後，材思稍減。」（李善，1975：219）江淹沒了外靈（雖然僅為鬼靈）襄助而漸現敗筆跡象，同樣的少掉類似外靈輔佐的藝創者結局也無從樂觀。這就證實了：在習僻增華上，靈異藝術能新添作為判準一題有著非可置疑性。

由此可知，藝創開拔及衝頂事稀罕，沒有外靈匡助開導（惜護不輟），實在不好想像它的可能性；而該衝頂能捷速建功，則更加需要外靈的介入摶成。至如當中所衍增的習癖，尤其可見外靈參與藝創的難捨途徑。而總結開拔利鈍應制／捷速衝頂應制／習癖增華應制此三項，所取證靈異藝術在作為造就藝術生發演變的判準上，確實有了「益增廣面」的果效。

第三節　有助於創作和接受經驗的昇華

藝術／靈異藝術向來普遍有向高華進益（反凡庸或平泛）的趨勢（詳見第三章第一節）；而它一旦具現或成形所彰顯可以作為摶成才的審定依據及造就藝術生發演變的判準後，也有如準星般在試圖喚起大家對位擊發相關的行動。這再衍增的看，它所會聚（為單靈異藝術）的功能自可晉升新項稱名作「有助於創作和接受經驗的昇華」。所以在前兩節的例行說明後，按序列得緊接著談論這個課題。

依藝術生發演變的敘例，創作一端已經具在，這裏為了連結另一端接受才又把它帶上，只是所論事項基於不贅原則會有些易動（或轉細緻）。二者（指創作／接受經驗）的昇華想望，乃上驅或進益同等詞的再現發願，毋須額外賦予新義。這樣就可以循理漸次來給出說帖（一如前兩節的談片方式）。

由於所有藝術都得在審美特性範域內加以定位（詳見第二章第二節），致使有關創作和接受的經驗性就沒有進程或終點不予理計的空間；更何況（聚指性）靈異藝術的啟鑑壓力既已形成（或說早就存在），必須自甄或切仿的條件越發加身，此一課題的重要性或亟待分疏性就不必言喻的會強為紛呈在大家的眼前。

雖然如此，這裏面還有一過場題必須先面對，才能夠或方便接續論列：那就是前面所多次提及的驅動力實演節概（詳見第二章第三節及第三章第二節）。該節概的展現情況，起自最基本或最核心的權力欲望；而此欲望已經有一個行為心理學所據理歸整的命題「如果做某件事得到鼓勵，那麼做這件事的次數就會增加」（杜加斯〔K. Deaux〕等，1990）在遙相呼應。現在將相關的創作／接受經驗帶進來，那它就可以形成這樣一個演繹論證：

> 一種鼓勵對個人的價值愈高，那他採取行動取得這一鼓勵的可能愈大。
> 在某一假設情況下，藝術作者／接受者認為藝術有很大價值。

所以他們會不顧一切的創作／接受藝術。

此項論式乃相仿一位社會學家所立示（荷曼斯，1987：34～35），只是「在某一假設情況下」空格內的賦義稍有差異：也就是此地要廣開將現實中的反饋向度可能涵蓋的謀取利益／樹立權威／行使教化等三大範疇（詳見第三章第二節）盡數填入（上述論者但取第一義）而凸顯創作／接受的多重變項。換句話說，創作／接受的驅動力都得結穴到攸關的心理易動（其他連帶的機制僅能「隨後促成」）。因此，整個完整性的論證形式就會是這樣：

一種鼓勵對個人的價值愈高，那他採取行動取得這一鼓勵的可能愈大。
在可以藉為謀取利益或樹立權威或行使教化的情況下，藝術作者／接受者認為藝術有很大價值。
所以他們會不顧一切的創作／接受藝術。

這比起一般所論僅限於純然嗜新或不定傾向等層面（埃斯卡皮〔R. Escarpit〕，1990；福斯特主編，1998；派克〔M. S. Peck〕，1999；波斯納〔R. A. Posner〕，2002；丹青藝叢編委會編，1987）要廣涵且具實可從（按：不定傾向部分，是特就接受行動而說的；殊不知接受也一樣得「脫離一般素樸或隨興感受的層次而朝一種有理則的流程化去自我定位」〔周慶華，2004a：231～236〕）。也就是說，本脈絡多顧及謀取利益和行使教化等層面（一般所論的但涉樹立權威一個層面）而可以成為一種解釋的典範。

正因為有謀取利益／樹立權威／行使教化這些誘因，藝術創作／接受經驗才會連綿不絕塑形（競相出采）。而檢視謀取利益／樹立權威／行使教化的涉外關他取向，又都可以被權力欲望所統攝而成為藝術創作／接受各一心三用的實質展現。大家知道，權力這一影響力或支配力形式所體現的不論是「一種所有物」還是「人們互動模式的結果」或是「一種被統治者和統治者間的網絡」（喬登〔T. Jordon〕，2001：

13～23），都已經是人深著為欲望而成了一切行為的終極的促動力。因此，可以說權力深著為欲望後，謀取利益／樹立權威／行使教化等就成了它在伸展上的三種形態（詳見第三章第二節）。當中謀取利益涉及利益的多沾或多得（相對的別人就少沾或少得），可以說是權力欲望的變相發用；樹立權威則無異是該權力欲望的遂行；而行使教化更是該權力欲望的恆久性效應。如果不把藝術創作／接受也歸諸權力欲望這一終極的驅力，就不知道還有什麼更好的連繫方式。雖然該權力欲望可能會有集體性的標誌（由學派中人共同把持藝術的生產、傳播和接受的機制），但在集體性的權力欲望中還可見想要支配該集體的欲望的必然存在時，個別的權力欲望就得讓它永遠具有優先地位而可以用來解釋包括藝術創作／接受的出現及其流派分衍在內的所有行為。這樣相關後續的體制性的管控以及我個人的歧出式的後設論述，也都不出這一權力氛圍的籠罩；它的貌似客觀性或絕對性的偽裝伎倆終究會被覷破而得自我回返來審慎因應繼起的支配的合理性問題（周慶華，2022：278～279）。

至於有關的昇華課題（由相關驅動力的實演節概所內蘊上驅或進益效能隱含的），則是要形現在藝術創作／接受者自我甄辨（自甄）於可能的靈遇或適機就切情予以仿效（切仿）此一條件（見前）的加身完竣。而這就得再覺悟生起前面所標舉文化理想的雄心（詳見第二章第三節），關鍵一樣是在藝術審美價值的趨新或高華上。就以文學為例（其他藝術可以比照），這種綜合存有（包括心理／社會／美感存有等）（周慶華，2011b：38～42）的存在，從一開始就註定了它會隨著不同的感性體驗而出現系統內的波動現象。這類波動，一方面顯現在相異的文化傳統各有偏重的感性體驗；一方面顯現在同一文化傳統頗有階段性變化的感性體驗，以致文學系統為一而文學內涵則尋隙另劃疆域。如就現存的創造觀型文化、氣化觀型文化和緣起觀型文化等三大文化系統來說，在文學的表現上就分別有漫長的敘事寫實、抒情寫實和解離寫實等取向；它們都各自在模寫所要模寫的形象（敘事寫實是在模寫人／神衝突的形象；抒情寫實是在模寫內感外應的形象；解離寫實是在模寫種種逆緣起的形象），而整體文學也因為有這樣的爭奇鬥艷而饒富審美情趣。只是創造觀型文化內部緣於媲美上帝造物本事的企圖心越見強烈，導致敘事寫實的傳統終於被現代前衛的新寫實所唾棄；爾後又竄出後現代超前衛的語言遊戲和網路時代超超前衛的超鏈結等在持續的展現再開新的勇氣。而這些可以整合來加一圖示：

文學的表現

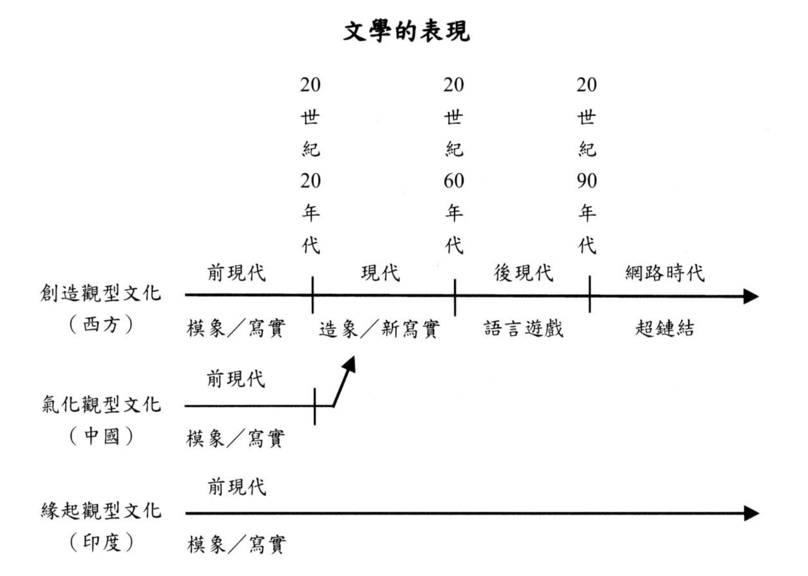

當中氣化觀型文化內的文學表現從 20 世紀初以來就幾近停頓而轉向西方取經，從此沒有了自家面目；而緣起觀型文化內的文學表現本來就不積極（但以解脫為務而不事華采雕蔚），也無心他顧，所以雖然略顯素樸卻也還能維持一貫的格調。縱是如此，創造觀型文化內主要三種文本或作品觀念的對列（超鏈結的多向性並未一併更新文學觀念，可以暫時不計），卻曝露出高度的不協調現象。理由是造象說會批評模象說的模象本身的不可能也沒有多大意義（「不可能」的原因是現實事物瞬息萬變，人所捕捉到的部分都無從回過頭去檢證它的真實性；「沒有多大意義」的原因是現實事物多醜惡不堪，窮為描摹反無助於社會人心的改造）；而語言遊戲說也會批評模象說兼及造象說對語言功能的過度信賴（一個相信語言可以對應於現實事物；一個相信語言可以用來創新事物）。但它們都會留下「自己的語言使用又如何可能」的罅隙難以彌補，致使每一種文本或作品內涵觀念都有被質疑的空間（也就是我們可以反問主張造象說的人不也是在反映現實中有一種造象的想法或欲望嗎？而主張語言遊戲說的人不也是在相信他們所使用的語言對別人批判的有效嗎）。換句話說，最後我們會看到每一種文本或作品內涵觀念的內在邏輯性開始鬆動，並且因為缺乏完全不受衝擊的免疫力而自我混沌了起來。不論如何，經過人類的實踐，文學還是保有可以用來自鑄偉貌的一席地。它在同一系統內的波動現象，正好體現了一種尋常人心欲跨界而實不能的窘境（不會因為大家是文學人就可以免俗）。但這一窘境只要還存在著文學感性的需求，它就會被諒解而繼續忍受情思左衝右突勤覓出路的折騰。至於後設思辨所可以提供給人參考的地方，無非就是上述那些古今中外相關實踐的典型；如果有人要去行吟，那麼不妨選在清晨或午寐夢醒後，它明朗的舊規的指引至少會讓人很快的找到所要的立足點（周慶華，2007a：123～125）。

此地先不細究位差問題（留待後續相關章節處理），僅就整體質例的展演來說，這很明顯相應著前面所述美感架構（詳見第二章第二節）而成形，每一理則乃為特定美感而存在。如今根據藝術／靈異藝術一體化的知見（詳見前節），這些品類究竟有多少外靈實地參與摶成，可以全面性好好的去探討（但不在本脈絡戮力的範圍）。而所謂有助於創作／接受經驗的昇華（存優去劣／基進求變），起因便是凛於既成品類如此，凡是靈異藝術有在內裏活脫的或新肇美感類型的，此一雙重工門（自甄／切仿）就有必要予以樹立證驗。因為從現有的某些跡象來看，靈異藝術都格高了點（如所徵引外靈實地參與摶成的〈魔鬼奏鳴曲〉／《紅樓夢》／麥田圈等可見，它們均屬崇高美感），大家想昇華並沒有少典範可參鏡的疑慮，循此方向繼為從事創作／接受卓著成效可期（繼為從事創作／接受，便能體證藝術／靈異藝術的果地，豐華超常在望）。

第四節　可給藝術教育留一彈性空間

前節所論定藝術／靈異藝術的一體化知見可以讓繼為創作／接受者昇華行動，這在另一關於藝術教育的情境也同樣有殷切或先領的意義能被肯認。這種肯認，所要（可）開啟的是對「摶成才的審定依據」／「造就藝術生發演變的判準」／「有助於創作和接受經驗的昇華」這幾項實理（詳見前三節）的恆久性信持，以及兩界互動終究得有個憑藉來紐結前進。後者已是接續章節期約要論列的；而前者則衍自該三節的旨意在此地會給一說詞。這所概稱的「可給藝術教育留一彈性空間」，據以細論也不妨擇目來拚效展開。

通常世俗允准的藝術教育，所會涉及的領域幾乎不離賞鑑（接受）／主導（創作）／推廣（應用）等範疇（貝維拉達，2004；考夫〔R. Caves〕，2007；陳瓊花，1995；王偉勇主編，2011），只是還不知道或未能啟動藝術／靈異藝術的一體知見來寬擴視野及其效益證驗。而這在本脈絡則得兼為致思闢徑，把通路廣開，以便世人新識立功。

整個課題，在理則上必須或無妨予以定調：靈異藝術（逕發時）功能所可驗及的莫非是上述各節所述實演節概如數儘呈中相關教益／考核激勵等策略仍然有得（需要）借鑑靈異藝術的系列表現。具項採擇（緣於無能全部涵蓋），則由我來發凡範示：首先是藝術此一被賞鑑知識所繫的美感，所分布的已知有優美／崇高／悲壯／滑稽／怪誕／諧擬／拼貼／多向／互動等九大類型（詳見第二章第二節），這在定習上當深切肯認而不隨便淆亂以對（以免徒勞無功）。好比有人主張美（就是優美）為共相，各類型美感對象則在體現差異而以衍增或別變姿態示現，如「崇高美除了使人產生喜悅之外，並且在喜悅之中還摻雜著愕異、敬畏和懼怕」（布魯格〔W. Brugger〕編著，1989：77）。依此類推，其他美感類型也都可以比照部勒。這種做法能否全然稱意（就是連現代／後現代／網路時代的部分也這般強為析湊），因為例少尚難斷定；但就理論顯高的立場來說，分類知識有助於學科的衍展（含混則停頓），還沒有什麼例外情況可以取代它。因此，沿用本脈絡的區分而將那九種類型都視為是美的形態（而非交集後出具）。這樣靈異藝術所會顯能的也得先辨清它搏塑的體性何在（專屬那種美的質地），世俗藝術概受它所發揮的啟迪功能才確實見效（而不空言徒託）。而所謂給藝術教育留一彈性空間，也就由於它連類到了所繼為的創作／接受而游刃不已（有九大美感類型在示可以依違，那彈性空間已是超大可羨了）。倘若藝術教育偏執而不許如此游刃，那麼它就違逆而斷絕了該彈性空間（現例則從某些論述類推可見一斑）（凱利〔J. Kelley〕編，1996；羅森堡〔H. Rosenberg〕，1998；陸蓉之，1990；曾肅良，1996）。

其次是不限定持類且容許隱應情況存在。藝術教育所要傳授的賞鑑／主導／推廣等經驗，當集中在能開啟新氣象的層面而不敷衍或亂扣庸常。凡是有顯揚傑作跡象的，都無不可以准列為借取的對象。好比 2001 年 9 月 11 日紐約世貿中心遭到恐怖攻擊（被人劫持民航機撞毀兩棟大廈），德國作曲家史托克豪森（K. Stockhausen）宣稱那是「**史上最偉大的藝術作品**」；但該推崇卻飽受批評，最終落得濫用美的恣謔下場（丹托，2008：61）。如果暫不循倫理規範批判它所內蘊報復的等殘酷質性而純粹從該連續畫面的表出來看，那麼這一無意中成就的行動藝術（可歸在後現代藝派的範圍）也的確顯現了一種高度諧擬美（何況在濃霧中現出的那個鬼臉還可以讓人警覺此事有外靈在主導一切而應更細察藝術／靈異藝術一體化知見尚存微妙變情）。但一旦被別有審美信念的教學者予以否決或擯棄後，此一美感張力在相關教育中就不復見，無從盼來辯諍啟新的機會。反過來不限定持類而認可它，接下來的教育情境就會不一樣（活潑程度超前定然可見）。而由此例一開，有些隱應情況也當會被發掘來廣擴教育面向增效。這是藝術／靈異藝術一體化知見所必有的劇情搬演。正如第四章第四節徵引所見感應者被借體創出小說／繪畫／音樂等（即使那些大多屬複製尚低一級次)，這倘若也發生在藝術教育的情境中，認可與否成效就會有差異（認可鼓勵疊創顯異／不認可一切歸零徒嘆）。凜於靈異藝術的功能所可給藝術教育留一彈性空間，後者（指排斥情況）的自我減縮只是遺憾有加，不大可能看見多了增益（放棄此道，大概也沒得從他處找到替補)。

再次是及早開始而不延宕時機錯會（加上這一點可益顯藝術教育的彈性空間)。深具藝術／靈異藝術一體化知見後，所有新啟藝創及其接受應用的機會，最好能隨時把握（因應）外靈介入主導操控的境況而予以指引鑑取的出路（以符應靈異藝術所可給藝術教育留一彈性空間的繼功能真諦)。尤其是上述的隱應現象，徵諸一般實用藝術的創作（接受應用可以類推)，已經常出添色（芙秋〔D. Virtue〕，2007；范普拉〔J. Van Praagh〕，2011；並木伸一郎，2016；馬西屏，2020)，但還很難見容於藝術教育的殿堂（不免有虧)。這一同樣涉及時效牽延經驗白陳的另類缺憾問題（因錯會而有所損失)，在其他領域早有前例，如（可為旁證）：

> 根據布朗夫人的說法，羅素在死後對祂生前所提倡的無神論有所動搖……（祂）已經相信靈魂是永存的，而且迫不及待地想要透過她傳遞永生的訊息。（劉清彥譯，2001a：23～24）

> 愛因斯坦也和布朗夫人有所接觸，祂非常有耐心地向布朗解釋那些晦澀難懂的術語和概念，同時也向她強調生命永續的信念。（劉清彥譯，2001a：24）

> 在一次公開的活動中，我跟一位女性觀眾的已逝先生說話，為祂傳遞訊息。從眼角餘光，我察覺到一個男子的靈魂，我知道祂是這位女士已過世的父親。祂站在角落，雙手抱胸，看著我。我用精神感應的方式跟祂打招呼。祂說：「我為什麼現在要跟你溝通？我活著的時候並不相信這些。」（

范普拉，2017：86）

哲學家（指羅素）改信有神論／科學家（指愛因斯坦）改推永生信念／類倫理學家（指女士已逝父親）改採通靈經驗（雖然他嘴硬不承認這點）等，所見的幡然悔悟或急於找解方情狀，都是死後才出現，未免緩不濟急（要求他人相信的機會幾乎等於零）。這類比到藝術教育上，理當甚具警意：大家可別等到塵世生命終結了才來焦慮怎樣彌補過誤，那沒借鑑靈異藝術的錯會損失已經萬無可獲償了。

可見靈異藝術確有儘展「摶成才的審定依據」／「造就藝術生發演變的判準」／「有助於創作和接受經驗的昇華」／「可給藝術教育留一彈性空間」等功能的具在性，深察感受此中的精神魅力，相關行動才能接續衍為有效的發展。本章所舉諸端僅是犖犖大者，還有許多細節尚未觸及（留待異日再深入詳論）。

至於比照前面各章尾端多少都得有一總收義餘的方式，這裏可做的就是連結靈異藝術的造就和靈異藝術的功能來見真章。如圖所示：

這所各自輻射通貫項目實際會如何劇演，大家無妨意取或自由聯想，我就沿例省卻而不煩為點清了（其實內裏已說得甚多而可據以推知）。

第七章　靈異藝術的文化意義

第一節　跨域差異的察覺

賡續多方肯斷靈異藝術的功能後，可以或有必要再廣面的來追究靈異藝術的文化意義。這在理論架構中所定格「探索靈異藝術的文化意義」一扭結（詳見第二章第三節），就由此處來予以梳理見新。只是裏頭還有一點義辨呆梗，需要先給疏通（化解）才能順利繼論下去。

這在表面上標稱同前（也就是所定題形製跟前面開列的「靈異藝術可能的分布」／「靈異藝術的造就評估」／「靈異藝術的功能」等無異），實際上意涵飾略則頗有差別。它的義辨要從「靈異藝術的文化性意義」逕直轉向或晉致「靈異藝術在文化上顯示的意義」曲衍完體。前者只表明靈異藝術的定位（文化性）；後者還增益靈異藝術的作用／開展等（所可以貢獻於整體文化的演進），這在前面的各標稱中都難比複雜。也因為取則如此，所以權擇細項（無法盡攬）來議論的部分，就依通義劃定範域而優先談片「跨域差異的察覺」／「相仿效或相涵化的可能性辨識」／「美感益世的從新出發」等靈異藝術進趨在文化上所能顯示的意義（還有可談片但非具優先性的就留待以後有機會再處理了）。此地就依所陳列次序先說「跨域差異的察覺」一項（不同前，此次序還是固定不易動比較妥適）。

所謂跨域差異的察覺，是指靈異藝術這個對象在相關文化性定位後，還可以提供大家藉以察覺跨域的差異，而綰合為它在文化上顯示的第一層意義（理則或質感）。因此，為它作文化性定位就成了居先行程。而這得從文化的性質或典則（議論式或限定式存在）說起：通常單純的外靈介入操控或摻和主導的藝創只是一個動作而未強徵文化性，只有在它進入社會情境互動（有創作／接受／應用等行動相互制約衍展）該文化性才開始顯豁。如今靈異藝術軸副式活動開啟了，相關理則內具的文化性自然會跟著浮現。這個文化性是一種集體性的精神表徵，它可以流露在整體行為的特性上，也可以沈穩在個別行為的異象上。前者（指整體行為的特性）無妨將它總縮為「人類展現創發或研練的成果」（有別於純生物性的存在）；後者（指個別行為的異象）也無妨將它權為收攝論者所作包括終極信仰／觀念系統／規範系統／表現系統／行動系統等五個次系統的區分（沈清松，1986：24）。當中終極信仰是指人類對宇宙人生究竟意義的關懷而將自己的生命所投向的最後根基（如上帝／佛／道等）；觀念系統是指人類認識自己和世界的方式且由此產生一認知體系和一套延續及發展他們認知體系的方法（如哲學和科學等）；規範系統是指人類依據他們的終極信仰和對自身及對世界的了解而制定的一套行為尺度且比照這些尺度而產生一套行為模式（如倫理和道德等）；表現系統是指人類用一種感性的方式來表現他們的終極信仰／觀念系統／規範系統等而產生了各種審美性作品（如文學和藝術等）；行動系統是指人類對於自然和人羣所採取的開發和管理的全套辦法（如自然技術和管理技術等）（沈清松，1986：24～29）。依此五個次系統的編序，終極信仰是最優位的，它塑造出了觀念系統，而觀念系統再衍化出了規範系統；至於表現系統和行動系統，則分別上承終極信仰／觀念系統／規範系統等。如圖所示：

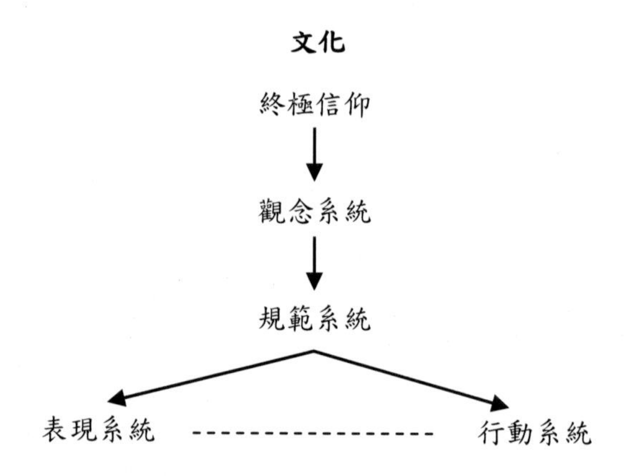

圖中表現系統和行動系統間並無「誰承誰」的問題；但它們可以互通，所以用虛線連接。如管理技術所蘊涵的政治／經濟／社會等社會工程，跟文學／藝術等表現彼此也能相涉，而有

「政治藝術化」和「文學受政治／經濟／社會影響」一類現象的存在。有關文化整體的概念是這樣；至於分殊則到了各文化次系統的據位表列。而這不妨依觀念系統中的世界觀（終極性的意識形態）為判別依據，讓它暫且作為制約文化生成的深層性變項。由於它來自終極信仰的衍發且摶造了文化大體上的特色，以致如今世界現存的創造觀型文化／緣起觀型文化／氣化觀型文化等三大文化體系就各自藉它來標記差異（所以不用更優位的終極信仰為區分依據，主要是它合詞後不好稱呼以及它已內在世界觀中而可以由世界觀「出面打理」)。相關的理則約略是：世界觀是觀念系統的核心，它以終極實體的信仰為前提而發展出一套認知體系；而這套認知體系在各文化傳統則有不同的體現。當中創造觀型的文化是緣於相關知識的建構（及器物的發明）根源於建構者相信宇宙萬物受造於某一主宰（神／上帝)，如一神教教義的構設和古希臘時代形上學的推演以及近代西方擅長的科學研究等都是同一範疇；而緣起觀型的文化是緣於相關知識的建構根源於建構者相信宇宙萬物為因緣和合而成（洞悉因緣和合道理而不為所縛就是佛），如古印度佛教教義的構設或增飾（如今也已傳布世界五大洲）就是如此；而氣化觀型的文化是緣於相關知識的建構根源於建構者相信宇宙萬物為自然氣化而成（自然氣化就是一個天道流衍的過程），如中國傳統儒道義理的順為施設和演變（儒家注重在集體秩序的經營；道家注重在個體生命的安頓，彼此略有進路上的差別）就是如此（周慶華，2022：127～130）。也正因為有世界觀的先行存在，相關的知識範疇才有可能成形；而所有靈異藝術經驗要歸建為知識領域，當然也得透過或借重世界觀的深為照徹。在這種情況下，靈異藝術整體文化性的顯明化，就是相關活動進入或被置於文化各次系統發揮或展現了一個正在運作或可被運作的對象。

　　這所顯示文化性自我蘊涵的系統不一量變（分劃為現存的創造觀型／氣化觀型／緣起觀型等三系）。據靈界／現實界處在循環互進中此一前提（詳見第三章第一節），自然也會在次級序以下影響（或規約）著此地所敘靈異藝術體現上的不同。先從前者（一樣用觀念系統中的世界觀提領）的份數細節處說起：大家知道，西方歷來所形塑的世界觀，表面上繁複多樣，實際上卻有相當的同質性，就是都肯定一個造物主以及揣摩該造物主旨意而預設世界所朝向的某一特殊目的，如古希臘時代的神造世界觀、中古世紀基督教的神學綜合世界觀和 18 世紀以來的機械世界觀等（雷夫金〔J. Rifkin〕，1988：32～35）。這可以統稱為創造觀（神／上帝創造宇宙萬物觀；底下再分三系，是緣於著重點的不同），長期以來它就一直支配著西方的人心，並在 19 世紀以後蔓延到全世界｛按：後出的機械世界觀一系，另有從奇異點經大霹靂後才出現世界和別有神祕力量促成世界等異說（迪威特〔R. DeWitt〕，2015；霍爾特，2016；德沃金，2016），但因為無法一併解決人何以有意識或思感能力問題而難以普遍化｝。至如東方所形塑的緣起觀和氣化觀等世界觀，則各有特點：

前者以為宇宙萬物的出現和消失都是因緣和合所致，並且由此衍生出人生是一大苦集，最後要以去執滅苦而進入絕對寂靜或不生不滅的涅槃（佛）境界為終極目標（施護譯，1974：768中；求那跋陀羅譯，1974：18上；鳩摩羅什譯，1974a：34下）；後者以為宇宙萬物乃陰陽二氣所化生（王弼，1978：26～27；張湛，1978：9；周敦頤，1978：4～14），而該能化生的陰陽二氣則是特指流布於天地間的精氣(戴德，1988：508～509；高誘，1978a：70；孔穎達等，1982a：82)，這不無暗示了人也該體會這一自然價值而不必做出違反自然理則的事（道家向來就是這樣主張的；而儒家所強調的道德形上學也無不合轍)。當中氣化觀所指陳的化生事，固然有難以想像的地方（靈體的精氣性應如我所考究的乃個體存在，無從再區分為陰精和陽精且要等二者遇合或交融才成形)(周慶華，2020a：49～50)，但一旦信守者執著此一氣化觀，他就會表現出如中國傳統所見的「為使自然和人性、人和人以及個人和社會之間達成和諧融通、相互依存境界的行為方式和道德工夫」那樣（周慶華，2012b：92），而跟同樣無以證實的神造和因緣和合（及其相應的實踐行徑）等狀況分轡異趨。可見世界觀在終極上決定了相關現實經驗的實質向度（它要嘛是創造觀型的；要嘛是緣起觀型的或氣化觀型的）（周慶華，2020a：153～154）；而這種情況延續到靈界（或靈界早就有同感），它所要顯現的靈異藝術想必也會一致模式而不至於亂套演出。當中所續衍的規範系統在倫理上再有戡役／綰諧／解離等質式類型的分疏（周慶華，2021a：188～192），以及表現系統在藝術上再有優美／崇高／悲壯／滑稽／怪誕／諧擬／拼貼／多向／互動等美感類型的差別（詳見第二章第二節）和行動系統在表出上再有模象／造象／語言遊戲（其他藝術仿似）／超鏈結等技巧類型的迥異（詳見第六章第二節）等，就都可以看出靈異藝術的文化性鮮明聳峙（不容混唛）。如圖所示（依文化架構陳列）：

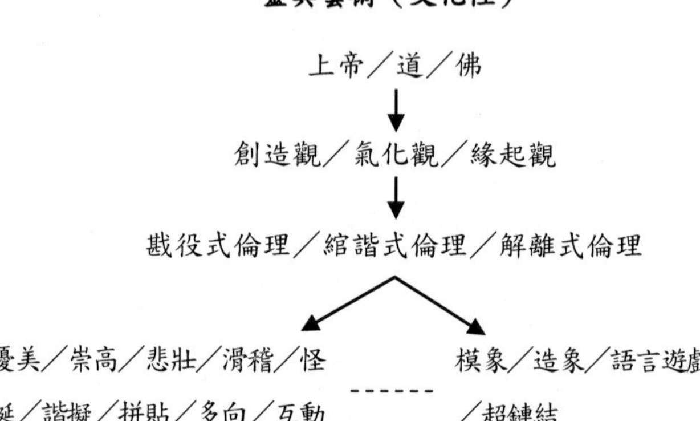

至於自具此文化性的靈異藝術，進趨在整體文化上所能顯示的意義，則無慮可作用於跨域差異的察覺。此乃三系文化中的靈異藝術也隨同在運作而能尋跡察見它個殊的質性歸屬（大家據此就可察覺跨域的差異）。如前面所徵引過的麥田圈／〈魔鬼奏鳴曲〉／《紅樓夢》等傑作，它們受外靈操控主導的過程中已經內蘊了範域定限（當中麥田圈的宏大精巧性及〈魔鬼奏鳴曲〉的震撼活靈性則盡入創造觀型文化前現代式的崇高類例；而《紅樓夢》的文製極大化乃兼體氣化觀型文化前現代式的優美〔和諧〕類例及緣起觀型文化前現代式的悲壯〔消無〕類例)；外靈自我先馳登頂後，又可以被援為檢驗藝術／靈異藝術的一體化知見及其實踐效益，充分證成相關表現確能滿膺藉以察覺跨域差異的任務。

第二節　相仿效或相涵化的可能性辨識

簡繼前論，再度沿用有關知見說帖來掀揭另一靈異藝術的文化意義「相仿效或相涵化的可能性辨識」。此項義辨也是立基靈異藝術的文化性意義後立案的，只因為它比「跨域差異的察覺」的單向意欲略有升進（轉關雙向意欲），所以綰合為在文化上顯示的它則但屬第二層意義（倒反看待會缺參照點）。由於文化性定位已經連帶理明了（不必再行贅論），所以有關它備具文化性定位的居次行程就不煩涉（略去省事）而僅就它可在文化上顯示的意義一節立論。

這個課題一樣關係靈異藝術在整體文化上的（更進）作用力度（併連顯示它所具的意義），所方便著眼或鑑別的就是靈異藝術被一般藝術繼以相仿效或相涵化的可能性辨識（暫不理藝術／靈異藝術的一體化知見隨後默為進駐）。所謂相仿效或相涵化，指的是他性／自性的轉換機趣或歷程。前者（指相仿效），涉及「由暗示刺激而發生類似行為的過程」，乃「產生社會互動的一種重要的心理力量」(以臻「在個體社會化過程中，人們藉此才得以掌握語言及其他各種技能」／「又是一種羣體性的社會心理現象，能使組成某一共同體的人們做出相同或類似的舉止行為」／「還可使人們在吸取別人經驗的基底上，擴大自己的經驗，成為進一步發揮創造性的礎石」等隱漫效益)(陳國強主編，2002：185～186)；後者(指相涵化)，則重著「可以在一個文化裏『持續前進』的能力」，而「這種能力必須透過仿效／實踐／試驗來習得和獲得語言／價值觀／規範等」(也就是「意旨我們學習知識和技能的過程；藉著這些知識和技能，我們才能成為某個文化的成員」)(巴克〔C. Barker〕，2007：14)。此一調性(成形)的可能性如何，就得藉此機會來「探個究竟」。

大體上，人在歷經跨域差異的察覺劇變後，當還會有一進窺欲望孳生(不致停留在純現象累具或擴知的階段)，就是再探跨域仿效或涵化的可能性。這不僅指限於相關文化性層面的實跨域，還包括對於他者所能而自己不能此一藝力成就的准跨域，二者合為一體（前者所以如此乃因有後者的促動摶成）而成了此地所設課題的必要併兼議裁對象。

這部分，就以人體審美所體現於各藝術作品為例，它在西方從古希臘時代以來，就一直存在著人體被精心雕繪塑造成「健美」形態的痕跡。如所有保留下來的裸體雕像、繪畫等所呈現的男女形象，幾乎都極力在強調男性身材的勻稱結實和女性身材的豐滿性感（尼德〔L. Nead〕，1995；勒伯〔M. Le Bot〕，1997；喬堅〔S. Grogan〕，2001；奇〔T. Ky〕等，2003；克拉克〔K. Clark〕，2004）。前者（指男性身材的勻稱結實），是以闊肩窄腰的倒三角形身體為標準（並且得胸、臀、腹、腿等肌肉線條畢露）；而後者（指女性身材的豐滿性感），則是以前凸後翹的腴美體形為典範（當代還普遍以胸 36、腰 24、臀 36 等三圍為美體極致）。而這些都還可以加上一個「黃金比例」作為整體選材打底的依據（從肚臍到腳底的高度和全身高度的比例都是 0.618）（徐炎章等，1998：63～65）。雖然有些論者對於黃金比例作為美學規範頗不以為然（朱光潛編譯，1988b；李維歐〔M. Livio〕，2004），但不可否認的這一早已被認為是「神賜的比例」的黃金分割觀仍舊會是西方人的最愛。因為受造觀念既然成形了，人體就必然是要健壯和腴美的（這才顯現出神／上帝的本事）；否則纖細和病態等天生或自導殘缺，一定會削弱或辜負神／上帝的能耐或美意。因此，有人把西方的女性裸體畫視為是為滿足男性的偷窺欲望（柏格〔J. Berger〕，1989：41～58），也就顯得有點不知來龍去脈而難免要錯估情勢。如果西方人不透過女性裸體（畫／雕像）的展現，又如何能夠知道腴美的身材是怎麼一回事？更何況還有許多男性裸體（畫／雕像）在隨機散布，豈不是可以比照著（反過來）說那是為滿足女性的偷窺欲望而施設的？可見在性欲這一倫理的考慮之餘，應該還有更重要的審美需求存在而不當被忽略（周慶華，2005：56~58、60~62）。反觀中國傳統的人體審美受氣化觀影響，僅著重在相貌俊秀／風度翩翩（指男性)、容顏俏麗／嫵媚動人(指女性)等為「靈氣所鍾」的部分,而無關體形的健壯豐腴。前者(指相貌俊秀／風度翩翩),又以「聰明殊德」的體現或自勉為上乘,馴致有《逸周書》〈官人解〉、《大戴禮記》〈文王官人〉和〈哀公問五義〉、《呂氏春秋》〈季春紀〉論人以及同涉的《韓詩外傳》《淮南子》《法言》《論衡》《人物志》等紛紛在討論觀人驗才的學問(孔晁注,1988;戴德,1988;高誘,1978a;韓嬰,1988;高誘,1978b;揚雄,1988;王充,1988;劉劭,1988)。倘若還有附帶條件,也不過是要「風骨」齊備而已(按:風,是指如氣的流動,也就是上述「風度翩翩」或俗語「風流倜儻」的意思;而骨,則是指骨幹挺立〔徐復觀,1980;詹鍈,1984;周慶華,2000〕,這是多加的,大略是說人的骨架要明確)。如「(赫連勃勃)其器識高爽,風骨魁奇。姚興睹之而醉心,宋祖聞之而動色」(房玄齡等,1979:3214)／「(劉裕)身長7尺6寸,風骨奇特。家貧有大志,不治廉隅」(沈約,1979:1)等,都是在強調這一審美特性。反過來，如果有人稍顯肥胖遲鈍，就會遭惹「缺乏風骨」的譏誚！如《世說新語·輕詆》記載「舊目韓康伯，將肘無風骨」，劉孝標注引《說林》說「范啟云：『韓康伯似肉鴨。』」（劉孝標，1978：223）就是一個顯著的例子。至於後者（指容顏俏麗／嫵媚動人），則盡在臉孔姣好和儀態萬千上著眼。所謂「若把西湖比西子，淡粧濃抹總相宜（反襯西施的美貌不事強飾）」（蘇軾，1985：430）／「（楊貴妃）迴眸一笑百媚生，六宮粉黛無顏色」（白居易，1980：238）／「娉娉嫋嫋十三餘，豆蔻稍頭二月初。春風十里揚州路，捲上珠簾總不如」（馮集梧，1983：311）／「繡幕芙蓉一笑開，斜偎寶鴨襯香腮，眼波才動被人猜。一面風情深有韻，半箋嬌恨寄幽懷，月移花影約重來」（王仲聞，1983：91）等，無一不在標榜女性的清艷和風情美。而如今還可見的古代的仕女圖（高居翰〔J. Cahill〕，2002；楊新等，1999；崔慶忠，2003），僅露出手和頸部以上（而非西方裸體中的全露），也可以說跟《詩經·碩人》所記載的「手如柔荑，膚如凝脂，領如蝤蠐，齒如瓠犀，螓首蛾眉，巧笑倩兮，美目盼兮」（孔穎達等，1982b：129～130）相呼應而一起印證了這裏所說的審美觀。至於單執緣起觀的人，已經當生命是一大苦集而亟欲加以超脫，自然無所謂美醜縈心一類的世俗煩惱。如「一切有皆歸於空；無我，無人，無壽，無命，無士，無夫，無形，無像，無男，無女……法法相亂，法法自定」（瞿曇僧伽提婆譯，1974：575下）／「觀父母所生之身，猶彼十方虛空之中吹一微塵，若存若亡；如湛巨海流一浮漚，起滅無從」（子璿集，1974：872上）等，就是在說這個道理。而這把一點推到極致，一個人最後即使必須「割肉餵鷹」或「捨身飼虎」也可以在所不惜（鳩摩羅什譯，1974b：314下；法盛譯，1974：426下～427下）。三系文化中的人體藝術美趣相異如此，內裏實有著人本身欲力無法左右的至深世界觀在制約（周慶華，2007a：139～143）。

它所立基於藝術／靈異藝術的一體化知見後，可察相關藝創在西方向來佔據主流地位（

美感屬該系文化前現代式兼具優美／崇高形態）而早已構成他系文化中人所罕能企及的典重範疇，因此不免會出現上述跨域仿效或涵化的限期議題待決。而從現有的跡象來看（不拘畫／雕像），不論在此知見中該外靈介入主導操控的程度有多深，大家一旦慮及大多會受困於「跨域實不能」經驗重現的煩擾（難以晉思出路）。這樣靈異藝術升進所顯現在整體文化上的作用力度就會更強令人心生警惕了（比前節所述那種差異覺知連帶暗生芥蒂心理不安多了），因為促人辨認結果幾乎要確定相仿效或相涵化一事相當不可能（不必把皮相得益情況計入），舉世理應從新投注心力在平受課題的思維促進上。猶如本節例我所曾經斷制過的這樣：

> 人體審美各有各的源頭而不必一體化；倘若一定要一體化，那麼所有後續的權力相迫以及相關的妥協影附就得由大家去承擔可能的反彈以及尊嚴橫遭踐踏的苦果。想必這不是一條康莊大道，所有可以藉為彩

繪人生的審美觀依舊得向各文化傳統開放。屆時我們所感受到的就不是純世俗化的權力相軋，而是還可以保有的一點超然的無關心的快悅。（周慶華，2007a：143）

第三節　美感益世的從新出發

靈異藝術在整體上的體性定位及其作用力度等，讓人看了有喜有驚。喜的是在察覺跨域差異中發現審美世界原有富華一面；驚的是在所繼為辨識相仿效或相涵化相當不可能後還得面對西方一系獨大且侵凌成習的劫難。這（特指後者）會影響接下來將要續談的「美感益世的從新出發」此項命義的研判。

很明顯的，這項命義關係著靈異藝術在文化上顯示意義所增益的開展面向（屬第三層意義且居後行程）。它的同為義限文化性有差異前提及其推衍受挫等難題自不必多說（論者得一併加以克服）；一直內隱實例匱乏或單薄（還不見遍類或成系絡的案例可足供證驗）確是很傷腦筋！換句話說，在這章節殿後的討論考驗不小，得先按著略做一點化解的工夫，才能跟所自詡的通等識見應合。

對於這一點，相同的不是平溺枯等證據出現，而是仍借助藝術／靈異藝術一體化知見的斷制。所要發微的是人靈互通提升功效的途徑（將有所點化），而這可以從現有的相關情實分兩點來甄辨開談：第一，靈異藝術涉及的美感益世課題從未被討論過，如今它所形現於有關的知見及其明呈的零星案例驗奇等，都可以把它提振出來重予建制而采待識者（予以發揚光大）。這在論序中得將藝術關鍵性的美知（真知／善知有新趣也能致美者，依第二章第三節所論彼此已具交集關係而略可同等看待）帶上統繪或強點它的需求所在（否則也未必要加以重視），然後才能順遂或有效的續衍上述的課題。相關的子項則是：藝術乃藉由創新或輝映意象／巧構事件或典蘊事件等來製造審美效果（兼光彩世界）和促成生命解脫（兼渡化人類），合而顯示「美感益世」的著實樣態。就以文學為例（其他藝術媒材相異實質無別），它取意象或事件為構成要素（額外加工）。當中意象，所連結兩個範疇（以譬喻表出）或多重寓意（為象徵所在），不啻可以讓人賞翫不盡（兼啓人創思）。如「四十個冬天將圍攻你的額角」（方平等譯，2000：216）／「我按你的目睭聽出你的哀怨」（鄭良偉編，1988：65）／「樹享受著天空的巨大穹窿」（巴舍拉〔G. Bachelard〕，2003：348引）等詩句，所運用的「冬天圍攻」（隱喻滄桑）／「聽出哀怨」（隱喻怨深）／「享受天空」（象徵自由和幸福等）等意象，就很耐人尋味。又如「女孩咬著枕頭，彷彿要證明，她能扯碎纖維或肉類的嘴，一樣能撕裂誘惑，然後她憤然大吼:『這太荒謬了！有人說我展顏微笑宛如蝴蝶振翅，然後我就得到聖地牙哥去！』『別傻啦！』她母親爆炸了。『現在你的微笑像蝴蝶，可是到了明天，你的乳房就會像兩隻唧唧咕咕的鴿子，乳頭是兩顆鮮豔多汁的野莓，舌頭是眾神溫暖的地毯，臀部是迎風的船帆；而燃燒在你兩腿之間的，是烈焰炙熱的熔爐，倨傲勃起的傳種金屬在當中得以鍛鑄淬鍊』」（斯卡迷達〔A. Skarmeta〕，2001：77）這段小說額外夾陳為明喻暗示身體特徵的蝴蝶／鴿子／野莓／地毯／船帆／熔爐／傳種金屬等意象，也頗令人愛不釋手。它們可能也有某些知識或道德含意，但都沒有審美一項來得重要。此外，在創作的立場，意象還可以藉以克服「言不盡意」的困擾和可逃離惱人問題的糾纏等生命解脫的效應，而自成一種進層式的美感昇華。前者（指克服「言不盡意」的困擾）是起於原先語言多有「不盡達意」而又必須表出時的一種策略運作；而這在文學中因為全部意象化而更容易「混合」或「強為寄存」。至於後者（指逃離惱人問題的糾纏），則是遇事另有不逮或有所規避時，藉助意象來「應付了事」以為脫困而著成典範的。好比宗教中人偶爾也要藉意象來自我逃避一樣，彼此可以局部相互輝映：

> 宗教人採用意象，因為無法「直接」說出他想要說的，而意象容許他逃避「既成」的實在界。但他討厭把某種明確的實在界劃歸意象本身。事實上，宗教心靈創造了意象，同時又對這些意象保持一種「打破偶像」的態度。（杜普瑞〔L.Dupré〕，1996：160）

宗教的意象性語言弔詭的自我宣示所謂實在界或終極真理的不在場；相同的，文學的意象性語言也等於不敢保證相關旨意的表達可以成功。因此，「自我逃避」也就成了一種戲玩意象的修飾詞，它終究要跟生命解脫的課題連結在一起。還有明知可以達意，卻刻意避開（而丟下意象走人）以為逃脫他人的追問或逼仄，這就更加深戲玩意象而可以併陳為生命解脫的形式。例證是據朋友所傳鄭愁予在一場演講後，有人詢及他的〈情婦〉詩（鄭愁予，1977：141）在表達什麼。他思索了一會，說：「孔子的心情！」然後他就揚長而去。這類「信口開合」（迫於無奈），不就像極了他人在必要時丟個意象給一些詰問者，而後自己從對方的迷惑中「逃離」那種情況嗎？顯然所謂的生命解脫，是可以找到經驗基礎的。而這在文學人創作的自我調適處境中，無疑的具有憑空高華而不作他想的昇華美感的作用。一樣的，事件的呈現因為有敘述觀點／敘述方法／敘述結構等多重變化或更複雜的演出，它的可藉為解脫生命來昇華美感的想必更加可觀。而這在其他學科所無法達致的效果，我們就不妨將它當作神聖性的表現，為凡俗性的東西所難以比擬（周慶華，2016：10～12）。這在認知上，想要開啟美感益世的途徑，自然得集中在此一基要（以意象／事件摶造奇特）致思，所有敦促／激勵的策略都要緊相關涉。這在現存明呈的靈異藝術只有零星實踐而未見極力在夯成。即使如此，它的零星實踐所樹異部分，也已顯出此一可以促使或遙喚世人深凜美感益世必要從新出發（連外靈都在戮力此事／甚至超前，不可懈怠荒廢）的初階貢獻（更揚競則寄望未來）。

第二，相關的具體計慮，則仍以文學為例來略予發微：這在原則上是要反西方文學的凌駕；該凌駕遍及所有藝術，從近代以來就猖狂畸行，已經造成其他文化傳統美感特徵的萎縮和退卻，以致原有的廣大的美感範圍逐漸狹小到幾乎接近單一化的地步。像這種審美趣味的有意征服和盲目屈伏現象的持續存在，就是舉世會變本加厲混亂而讓人不得不加重憂慮的一大根源。好比西方人為模仿上帝的風采而運用幾何原理發展出來的透視畫（這樣才能還原或存真上帝造物的實況），歷經幾個世紀的演變，終於也隨著殖民主義／帝國主義的威力遠播而橫掃他方世界的審美心靈（豪斯〔A. Hauser〕，1997；宮布利希〔E. H. Gombrich〕，2000；貝爾〔C. Bell.〕，2002；愛德華〔B. Edwards〕，2004〕；但我們所看到的卻是非西方世界的人苦苦在追趕一條從具象到抽象、從結構到解構、從寫實到超寫實等永遠由西方人創新領航的道路（陸蓉之，1990；劉其偉，2003；謝明錩，2004），而將自己的文化傳統所有的審美趣味棄如敝屣（如氣化觀型文化傳統所崇尚的如「氣」流動般優雅瀟灑的寫意畫和緣起觀型文化傳統所崇尚的靜修「依止」描繪的瑜伽行者的寫實畫〔馮作民，1998；章利國，1999；高木森，2000；李霖燦，2003〕，幾乎快要全數退場了）。這種損失不只是既有藝術財富的棄守，更是連超前無望一起的雙重失落心理的難以調適。又好比非西方世界的人大概無法想像西方人的音樂創作也跟他們的科學研究和學術構設一樣在終極上是為了榮耀上帝（如巴哈〔J. S. Bach〕就曾經說過：「所有音樂的終極目標，就是榮耀上帝、修補靈魂。」〔索羅斯比，2003：138〕），而為了容易成名致富西方人居然也會不擇手段的把文學產業化（如大仲馬〔A. Dumas〕「他身後有一批固定的捉刀人，隨時備好稿子，只待大仲馬簽名發表。當時坊間就流傳這樣的笑話，大仲馬問同為小說家的兒子：『你看過我最近的大作嗎？』小仲馬回答：『沒有，爸爸你？』」〔索羅斯比，2003：139〕）；像這種都可以跟上帝連上關係（文學產業化部分是一箭雙鵰的做法）的正面或側面審美觀，豈是非西方世界的人所能夠有效的仿效深著的？但在帝國霸權所向披靡的市場壟斷的情況下，有那一個非西方世界的人不憚於它的繁采華蔚而眩然失轡？以致這條尾隨的不歸路，也形同是在宣告著一個異質性的美感情趣的凋零！整體來看，各文化傳統原都有自己所專擅或揚露的美感特徵，它們在彼此的交往過程中應該是一種並峙分流且相互欣賞的關係；但當有一方獨盛而其他的則萎縮或退卻時，整個完整的形勢就會傾圮而造成審美感應的單調化。而這對雙方來說，都是一個很難諒解的嚴重的缺憾！而回到文學本身，所前考察得到的在各文化傳統中的表現及其衍變正如第六章第三節所敘說的那樣。這些類型原都著重在模擬或仿效各自的信仰對象的風采或作為：如西方人所信守的創造觀，就在模擬或仿效上帝造物的本事；而中國人所信守的氣化觀和印度人所信守的緣起觀就在模擬或仿效相應的氣化觀念和緣起觀念而致力於「綰結人情／諧和自然」和「自證涅槃／解脫痛苦」的人間網絡的經營和拆解。這種情況至今仍然間斷在持續著；只是當中已經有新的質素介入而開始產生某種程度的量變和質變。首先是 20 世紀初出現了造象這種現代派的文學觀念。它先源起於西方社會，然後才擴及到非西方社會。原因是創造觀型文化所預設的上帝為一無限可能的存有，西方人一旦發現自己的能耐可以跟上帝併比時，不免就會不自覺的媲美起上帝而有種種新的發明和創造（這從近代以來西方的科學技術的快速發展以及各學科理論的極力構設等，可以得到充分的印證）。其次是 20 世紀中出現了語言遊戲這種後現代派的文學觀念。它也先源起於西方社會，然後才擴及到非西方社會。原因是創造觀型文化所預設的上帝為一無限可能的存有性遭到西方人自我的質疑而引發的一種分裂效應（透過玩弄支解語言來達到自由解放的目的）。當中創造觀型文化內的文學表現從 20 世紀末以來又有新的發展（也就是網路超文本化）；而氣化觀型文化內的文學表現從 20 世紀初以來就轉向西方取經，逐漸要失去自家面目；至於緣起觀型文化內的文學表現本來就不大積極，也無心他顧，所以雖然略顯素樸或板滯卻也還能維持一貫的格調。雖然如此，緣起觀型文化傳統中的文學表現早就無緣進入世界文壇去揚名；而氣化觀型文化傳統中的文學表現一旦自我退讓自然也就從此要闇默長黑。因此，西方人所有意無意流露的「**西方人很少有欣賞東方文學的，中國和日本的詩人在西方**

的讀者也為數不多」（寒哲，2001：43）這類輕蔑語言，正好成了東方的文學人再不思長進的最大的諷刺！換句話說，東方的文學人如果不能持續以自己獨特（翻新）的樣貌面世，那麼只好等著別人另以拾人唾餘的譏諷相對；屆時就不是很少欣賞一類的話語贈予而已，可能連毫不足觀的否定口吻都會陸續出籠。再換個角度看，所謂美感內容的美原也是多樣化的；它演變到現今已經有說不勝說的態勢（詳見第二章第二節）。然而，問題並不是到這裏就結束了。我們會發現同樣在前現代模象美範圍內的氣化觀型文化傳統和緣起觀型文化傳統的美感形態，幾乎都被相關的論者過濾或忽略掉了；所剩下的從特定形態的前現代模象美一直發展到後現代語言遊戲美，無一不是以創造觀型文化傳統的美感表現為典範（並冀望普世人廣為踐行）。這樣一來，大家就看不到隨審美一體化欲求而來的種種不合理的抑制、收編、甚至扼殺等危機（詳見第二章第二節）。因此，我個人所建構的這套靈異藝術學在審美感知方面所力闢的正視或重返多樣途徑的思路，也就有應時補偏救弊的功效，無妨有心人藉為從新尋索出路。這在藝術／靈異藝術一體化知見的演示，不保證沒有該凌駕的行動，但從所舉明呈的靈異藝術尚未看到明顯逾越分寸的案例。光憑這一點，它的可以啟動美感益世新行程的進階貢獻仍然成立；尤其等反向靈異世俗藝術學（詳見第三章第四節）出現後，這一開展性所能貢獻於整體文化的演進將更可期待。

所謂將有點化人靈互通提升功效的途徑（見前），訣竅就在這裏。當中所提意象／事件精演此一美感力驅觀念是無可旁貸的；而實際踐行範作不輟則又是使美感益世從新出發的最佳宣示（知所取徑便是從新出發的保證）。這在明呈的靈異藝術案例裏所見某些殊異表現（相應性無可懷疑）已經充分徵候了，往後大家的繼為取鑑開拔自然不會有缺乏參照對象的疑慮（除非自己懶怠脫隊）。

依此結合前面兩節，它們的關連性援例也可以交集形態存在（有如先前各章所圖括的那樣）。如圖所示：

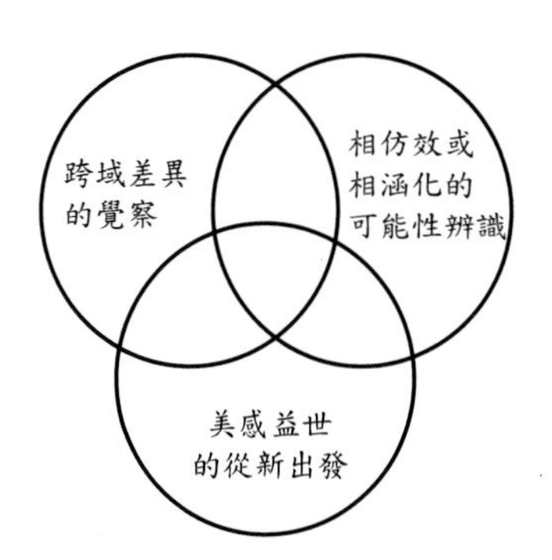

這所體現的，精簡說就是「一得全得／一失全失」（交集處乃顯示它們都要以互制相扣連）：靈異藝術的文化意義所見於此三面向，正是得所也得益，彼此功能發威了，世界大幸。

第八章　新學科的新希望

第一節　靈異藝術學成立後的學科調整

整套靈異藝術學的論述，依便（尋理）所得追究靈異藝術如何可能／交代靈異藝術成學的緣起／陳列靈異藝術可溯的分布／深入靈異藝術的造就評估／議定靈異藝術的功能／探索靈異藝術的文化意義／許諾新學科的新希望等屬立說本身的目的兼及立說者的目的（詳見第二章第三節），大多已經由「靈異藝術成學的緣起有三理」／「靈異藝術的分布可見諸四類」／「靈異藝術的造就得依實情評定」／「靈異藝術的功能無妨照理推衍」／「靈異藝術的文化意義憑式能深入發掘」等命題的說演予以具現了（在第三章第三節所列靈異藝術學的理論建構圖架裏設定而實表於各章節），所剩「許諾新學科的新希望」一項則要在此末後論列以為收束。

這是對自我新論價值的估定（後設思辨立

說者的目的），跟前面各章對象思辨立說本身的目的略有不同，乃屬命題演繹（需要結合兩個命題以上來進行）。而所依本學性，則有兩組題面見示：一為「靈異藝術學建構的價值之一，可以促成學科版圖的調整」；一為「靈異藝術學建構的價值之二，可以延伸設立新的兩界互動蘄嚮」。這所結穴要彰顯本論述的效能，在列題上逕為標舉「新學科的新希望」，相關衍目則順便稍加換詞顯示：前者定為「靈異藝術學成立後的學科調整」；後者定為「靈異藝術學伸展時的兩界互動蘄嚮」。現在仍依定序先說「靈異藝術學成立後的學科調整」（倒反則不好敘論）。

基於此一整項只是偏向「許諾」（無法定見），所以本節次在「靈異藝術學成立後的學科調整」上屬稱的「新希望」，涵意僅止於「有新希望」或「為新希望所繫」，而不確指「已成一新的希望」（雖然我個人也很希望是如此）。因此，底下所將述說的便是建議或可採擷的成分居多。而這則有一個前提必須先行領談：就是調整學科所深涉主體誰屬的問題。此項甄辨會比直接揪舉現存學科分立所見的罅隙或缺義更能看清楚課題出線的質性，實有難以棄談的理由。

題開在於：從主體會被多重的變項所塑造那裏（譚國根，2000；蘇永明，2006），大家應該警覺的想到未來的相關學問不妨從中選擇來變化轉進，也許才能突破既有的格局（也就是超越前人所建立的一些「大家雖然不能細談但可能都會想到」的論述規模）。換句話說，相關學問在所有可能的自期上照理是還難以廣涵的，只有等到這一續論出來後才有規模可說。而這可能要從下列幾方面來思考彌補：首先，相關學問在對比他者文化系統的差異表現，暫且如此相信後第一要追究的是「交流」（而不說幾乎不可能的「融合」）互信的問題。比如說類比我們傳統文化所示，因為氣化的關係，所以萬物同質（都有靈體／精氣），而人有可能見鬼神（人和鬼神的差別只在一有肉體一無肉體）。這所見於古書的從殷勤祭祀→親見目睹→修煉同趨等則多有載記（孫詒讓，1978；郭慶藩，1978

；邢昺，1982)；而演為習俗中類如藉由施法而跟死去親友會面的觀落陰情事也時有所聞（蕭登福，1990；鮑黎明，1998；張開基，2000)。這跟西方文化中也早就流行的替人治癒腫瘤／癱瘓等痼疾的神醫（康克林，2004c；方迪遜，2005b；劉清彥譯，2001a）彼此固然不可共量（一個相信「人」死「靈」還在同一個空間而可以再相逢；一個相信人可以得自「神／上帝」這一全能者的助力而能夠發揮神效，彼此很難互換)，但如果各自勉為試著去鑽研對方的靈術而期許有對勘互較的一天，那麼相互隔閡、漠視、甚至壓抑排斥的舊習豈不是可以改觀了？這一點縱然未必會獲得兩種文化系統中的人普遍雅為接納，但從當今世界局勢如此的不均衡發展來看（創造觀型文化太過強霸凌越)，直覺的就想到這才是改變不合理支配情勢的一種必要的嘗試（否則要靠什麼努力才有希望呢)。其次，在後現代／網路時代這一時空不斷裂變以及新的創意不斷以重組加料的方式產生等形塑出的非系統／去中心／超鏈結思潮的衝擊下，先前的學問不無要略作調整才能從新出發。也就是說，這裏有一個他者所製造的陷阱，我們得小心提防無謂的掉落下去。而這要從西方自 14 世紀文藝復興開啟的人文理性結合 16 世紀基督教宗教改革出現的塵世急迫感（新教脫離天主教教會後所強調的因信稱義觀念，逐漸演變成要以在塵世締造財富和創造發明來榮耀上帝或當作特能仰體上帝造人賜給他無窮潛能的旨意而不免會躁急蹙迫；尤其在資本主義和殖民主義隨著矯為成形後，更見這種過度的煩憂）和 17 世紀的政治啟蒙運動（緣於宗教改革後許多人體認到受造的平等性，沒有人可以獨享或多攬塵世的權益；以致別為嚮往公平正義的社會也就成了這一波改革運動最亮眼的表現）以及 18 世紀的工業革命（這一方面是人文理性發達後要藉發明機器來顯現人媲美上帝造物本事的「科技理性」或「工具理性」的乘勢伸長；一方面則是先前的塵世急迫感的另一種基進的表現）等而形成的「現代」社會說起：西方大約到了 20 世紀末（反現代的後現代思潮流行了近 50

年後）開始不斷地呼籲靈性的復歸，以對抗因科技理性過度發展反過來造成人性的扭曲和時代的危機。當中有這麼一段理路：西方社會從現代起放逐造物主而追求自主性（但總無法徹底），所藉來代替失落的終極關懷的是哲學和科學；而哲學和科學到了為追求更大自由的後現代也一併被放逐了，人們從此生活在一個沒有深度且支離破碎的平面的世界中。為了避免繼續迷失，一些有識之士已經看出必須超越（一般的）後現代心靈而重返對造物主的信仰，才能挽回嚴重扭曲的人性和化解塵世快速沈淪的危機（布洛克〔A. Bullock〕，2000；史密士〔H. Smith〕，2000；威爾伯〔K. Wilber〕，2000；希克〔J. Hick〕，2001）。這在 21 世紀前夕，整個人類社會挾著後現代的餘威，更向一個後資訊時代挺進。這個時代以網際網路為核心，企圖締造一個跨性別、跨階級、跨種族、跨國家的「數位化」世界（尼葛洛龐帝〔N. Negroponte〕，1998；柯司特〔M. Castells〕，1998；竇治〔M. Dodge〕等，2005）；而把人類推向了一個新的價值行銷的「知識經濟」世紀（梭羅〔L. C. Thurow〕，2000；范德美〔S. Vandermerwe〕，2000；森田松太郎等，2000）。但這種更自由化的生活形式所帶來的刺激、快感和新浪漫情懷等，卻是以虛無主義為代價的；所謂的超越／重返等必要抗拒的迫切性仍然存在。而不論如何，這全是西方人的問題（非西方人原沒有造物主的信仰，自然也就無所謂靈性的復不復歸）；同時人類所以要面對科技遺留下來的禍害，也是西方人稟持創造觀所一手導演促成的。因為信守緣起觀和氣化觀的非西方社會，根本不會也無緣參與這樣自我毀滅的行列（至於非西方社會被收編或被強迫走上西方社會所走的道路，另當別論）。現在西方人既然一面還在欣欣向榮的發展著科技，又一面要重揚人文理性並進而轉為神學時代對造物主的信仰臣服，顯然這是十足弔詭的事！換句話說，西方人不可能放棄現有的優勢而真正在造物主面前稱臣；他們只要該一「挑戰自然／媲美上帝」的積習有不退卻的，隨時都可以無視於造物主的存在或乾脆就以造物主自居而繼續雄霸人間這一權力場域。因此，想要挽救日漸沈淪的世界，就得仰賴像緣起觀型文化傳統中人這樣講究無欲、無我的「自證涅槃／解脫痛苦」的修持和氣化觀型文化傳統中人這樣講究保生、倫常的「綰結人情／諧和自然」的作為等來對諍扭轉（尤其是後者特別值得倚重）。而新學問所無可避免要對應的兩界互動，也得深為認清這一趨勢而致力於伺機調適和關連偕進，整體上才會有遠景可以期待。再次，還有一條基進創新的道路可以另外保證新學問的超絕性。以目前的情況來看，新學問根本還沒有萌芽（更別說要超越什麼現存世間學問了）；但如果一起步就躍出基進的姿勢，那麼相關的世間學問所不能如此突破的地方就會變成需要反過來向新學問取鏡仿效。這一點，我們可以從已經逝世而有基進創思的鬼靈的再現神奇和隱忍不顯的神靈的重啟新思以及現實中人的勤鑄範例等兩界循環互進累現（周慶華，2020b：35～63）的期望促成來另立殊異的靈異藝術符號及其表義方式，以便為樹立新學問張幟揚聲。雖然這並不能藉來跟第二點所要因應世局變化而尋得活路的情況相比，但它的創新觀念總會帶來一些不同的氣象；而我們就可能因著有這種氣象的慰藉，從此多了一種美的生活。曾經有人設想過基進的黎明問題：「走出黑暗洞穴的小子們，在知識／權力的空間和探照燈束的交織網中游走、流動和戰鬥，這些也許都是一種基進的黎明。但黎明還有另一層意義：它介於黑夜和白日之間，介於黑暗的尊嚴和監視燈束交織的白日之間。基進的黎明（這是一個關鍵）並不是由黑夜中出來，取而代之地在摧毀舊的光明王國後建立起一個新的光明燈束（『新啟蒙』）王國；基進的黎明並不是一種從黑暗到光明的過渡，只有過渡性的意義。」（傅大為，1991：代序5）這所提及的基進的基進性，並非可以理足服人；倘若說基進主張的背後沒有絲毫成為「一個新的光明燈束王國」的企圖，那麼這不是過分客氣就是自欺欺人。而這引來對照此地我們所需要期待的新學問的基進創新，理當也會成為今後不可減卻的一種焦慮；但不試著走走看，還有什麼路可以吸引大家去闖蕩騁快？後面這些雖然不怎麼關係主體的話題延續，但它所關懷的兩界前途問題卻都是關連主體的趨向選擇的，還是可以扣緊前面的發展說（周慶華，2022：119～124）。

當今所見學科，正是西方人一番連結性的衍發該「挑戰自然／媲美上帝」慣習所網羅構設的，它的嚴守邏輯規律（約以種差標準分列學科）以及不斷擴增範域到無以復加地步等，早已如水銀瀉地般的風行全世界。這跟中國傳統以經史子集分立的學科典範差距甚大，而大家卻毫無警覺它學術主體的壟斷該椿邪行或瘋異（如上述所舉略的）一逕的追隨沒已，所遺留得分攤西方人積深釀致倫常失序及其能趨疲危機的病症苦果（詳見第三章第四節），怎麼看都樂觀不起來！

也因此，本脈絡所倡議靈異藝術學一節，在藝術／靈異藝術一體化知見暫且移後的情況下，先依所成證明呈的靈異藝術還未徵候有關上述那一文化劫掠及其頓陷生存窘境等難堪跡象，它的可憑藉從新來思考人類的出路就正是時候。而這仍權且以目前的學科規制為對象（全然更新尚屬困難蹇能），所可建議調整為現實學科／靈異學科比照著一體化，才有新開氣象的可能性。也就是說，不論現實學科（世間學問的集聚）如何的三分為人文學科／社會學科／自然學科，以及再次分為更多細目（周慶華，1999b；2001b），它所脫略神祕經驗的罅隙或缺義狀況，都得加入靈學來予以補救，相關學問題點自身的完整性方能成形（思慮照顧兩界始有鑑別度）。而這由靈異藝術學的建立可初為發凡，所謂「新學科的新希望」一事從此便能得著見證。

第二節　靈異藝術學伸展時的兩界互動蘄嚮

除了「靈異藝術學成立後的學科調整」在正顯本靈異藝術學的新希望，還有「靈異藝術學伸展時的兩界互動蘄嚮」也同樣有此能耐（合此二項價值課題議訂或強設的切要性已經足夠）。前者是「成立後」所能聆見的；後者則要等到「伸展時」才可察出。而這一察出必定少不了會有兩界的互動在案（也就是靈界多少都要藉機新使力氣），以致我們不妨涖此再行發出一點可稱頌的蘄嚮（期待）。

這項談論的起點是，藝術／靈異藝術的一體化知見，以及透過夢感／醒時被借體／通靈成就／外靈自煥邀名等明呈的靈異藝術和可期待的反向靈異世俗學／靈異世俗藝術學等所顯隱徵候兩界的互動（交流），已經可對它有「繼續深廣化」或「另啟作用」的蘄嚮了；但這還不能視為相關行動所可發或所得發的最終蘄嚮（此處執意所在）。真該發的最終蘄嚮乃有一個舉世特大的難題要對應：那就是由西方創造觀型文化中人長期主導全球化所造成倫常失序及其能趨疲危機的亟待化解。這比什麼都緊要（沒有它，待到世界崩毀，所存物事都無意義了），所以此地要專門來討論它。

大致上，西方人那一在現實生活方面，誤認平等受造意識就能以個人為社會結構基本單位且專事民主制度的營造；而在文化發展方面，也大意透過挑戰自然去窮究事物而極力昌皇科學實務。這表面上是在締造塵世的上帝國，實際上卻是政治分贓敗德和殺伐掠奪殘酷的發端。比如有關民主逞能部分，它縱然是西方人經過漫長的試煉而帶終結性的歷史選擇；而它的無可批評，也僅是像邱吉爾（W. Churchill）所曾維護的「等到所有的政治制度都實驗過了，才能說民主是最壞的一種政治制度」那樣（戴蒙〔J. Diamond〕，2006：596引），並非本身是最後的真理。更何況它在所潛蘊人人有機會分一杯羹而又不想讓異己者常享好處的情況下，定會發生美國某一脫口秀藝人所諷諭的「（民主制度下的）**政客就像尿布，必須經常更換**」那般（格茲莫考斯基〔E. Grzymkowski〕，2015：332），始終都在玩「你上我下」相互扯爛汙的遊戲，而使社會永無寧日！此外，它在不上道時，還會引起如邱吉爾所發「**民主只是大多數白癡來排擠天才的合法程序**」這樣的慨嘆（焦桐主編，2009：10引）。還有晚近更因普遍強讓民粹附在民主後面威脅攻擊菁英或建制派當了「**晚宴中的爛醉者**」（水島治郎，2018：244），令人厭惡痛心到要哀悼「**民主已死**」，種種「**反民主**」／「**反對選舉**」／「**別讓法西斯復辟**」等呼聲溢目盈耳（科藍茲克〔J. Kurlantzick〕，2015；朱迪斯〔J. B. Judis〕，2017；布倫南〔J. Brennan〕，2018；雷布魯克〔D. Van Reybrouck〕，2019；朗西曼〔D. Runciman〕，2019），大有世界末日的景況，如何也由不得人不思及一己將要在政治環境中覓得什麼樣的寄身！又比如有關科學創新部分，大家的迷信也僅因它有所助益現實物質生活的改善，卻看不到裏頭隱藏了兩個大問題：一個是科學技術的成就預設了西方民族或種族的優越感，將科學技術視為是進步主義的象徵，並且合該成為一普遍性和必然性的世界潮流；一個是科學技術現代化帶來了能源枯竭、生態破壞、環境汙染、溫室效應、臭氧層破洞和核武恐怖等後遺症。前者不但無法驗證，還有誤導的嫌疑（證諸許多第三世界國家受鼓舞實施科技現代化的終局，幾乎要瀕臨崩潰破產的邊緣，可以確定這點）（陳秉璋等，1988：29～43；黃漢耀譯著，1991：2～13）；而後者則一旦惡果造成了，全世界的人從此就沒有一個能夠逃過能趨疲法則的制約及其不可再生能量即將到達飽和臨界點而讓地球陷於一片死寂危機的威脅，更別說在這個過程中所連帶興作的資本主義和殖民征服激起大家為了爭奪資源以維持自我存在優勢，早已磨刀霍霍的雙向殺戮，所有毀滅性的武器一再被研發出示，而使得全體人類不斷地籠罩在極度駭懼的氣氛裏（周慶華，2022：77～78）！就因為西方創造觀型文化這一總為戡天役物式道德觀所實踐處無不連帶鼓動大家一起窮耗地球有限資源而引發能源枯竭、生態破壞、環境汙染、溫室效應、臭氧層破洞和核武恐怖等後遺症，所以必須力敵強為逆反全球化而重過簡樸的生活，才有可能扭轉失序的倫常及其能趨疲危機。既然要逆反全球化，那麼全球化就不能看著它延續，而必須讓時序推進到後全球化時代（周慶華，2022：83）。

上述這一民主／科學主位體現為全球化運動已經歷時太久（從 16 世紀西方宗教改革開始就如火如荼在進行），導致該倫常失序及其能趨疲危機變成是人類最大的夢魘（即使是信奉創造觀型文化支裔的社會主義國家，也都挺不住裁切資本主義的初衷而齊力反向相迎，徒然深化該夢魘）。這時無法仰賴創造觀型文化另出對策以化解危機（那只會是「以水濟水，以火救火」）：當今為資本主義找解方的，不論是想要以實際也是耗能的綠經濟代替，還是別作反緊縮的新富餘打算的，都不免於此一深化災難模式，而得返身重拾原無所耗費不會增加地球負擔的另二種文化來救急，庶幾可望恢復世間的秩序。當中又以氣化觀型文化裏的君子作務最足夠藉為緩和這種危機而為希望所繫（緣起觀型文化因不務世事而難可汲取支應）：它以先成有德君子，然後才跟用世連結，施行推己及人和博施濟眾式的仁政以成就王道，從而保障了政治的清明／民心的歸向／萬物的和諧等效益，一道營造出一個可能的大同社會。大家只要謹守這個信念，無論現存習取的是什麼樣的政治模式，諒必也都能夠加以扭轉而向良性方面伸展，直到改造成最合適的體制為止（周慶華，2022：86）。這正是從藝術／靈異藝術一體化衍為現實界／靈界一體化和將明呈的靈異藝術等所要看到兩界新互動相仿必具的能事（為所蘄嚮）；也是此一靈異藝術學伸展類推所可立的最終蘄嚮。

緣於這是兩界所得共同面對的（難以分出軒輊），以致還得解決另一個攸關兩界更為隱微的互動卻不良的麻渣問題：也就是約略擁有主導權的靈界為何會縱容一部分生靈這般奔赴現實界而最後又把現實界搞得烏煙瘴氣？這就得知道它的機制性一樣也得處於「它在產生作用力的同時也會受到某種程度的約束」此一彈性境地而無法絕對化。以致我們可以設想：對於當今世界局勢如此不堪而靈界好像還不見什麼大動作來試為緩和，有可能是靈界的管控能力有限；也有可能是沒到容忍的極限而未出手；還有可能是為反向教訓人類的妄自尊大而讓他們自演滅亡（隱含靈界也有陽謀）。因此，機制就真的是機制，它有發揮作用的能力，又有自我不及或刻意縱容的侷限。如果是這樣，那麼所該期待的後文化批判就是一種「催生式」的（而不是「俱在式」的）。換句話說，既然靈界未能懲治或要延緩懲治人類的沈淪，而我們眼看此事非同小可，那麼就得鄭重呼籲靈界快點介入以防不測（周慶華，2020a：175）。

這樣許以靈異藝術學在伸展時（期待新一波靈異藝術的出現）可發的從新嶄嚮兩界互動，便帶有此一點醒／解勸等雙重任務。而所敦促靈異世俗藝術學建立來輔助的，也是基於這種形勢的不得不爾（最終嶄嚮所該如此發出）。

因此，在前置點上現存明呈的靈異藝術並沒有顯見隨著帶動釀成倫常失序及其能趨疲危機的風潮（現實界／靈界或藝術／靈異藝術一體化所可能隱發的也嫌譴責逾量），致使本靈異藝術學所推衍於蘄嚮兩界互動應有解除危機的積極性對策（如以上所提供的），也就價值不減。

此外，前幾章所用成就／功能／文化意義等概念也都帶有價值意味，只因為對應項各有所重，所以就沒有跟本章合在一起談。而這項說明也可以從上面的論述形式得到印證，此處就不多贅了。神祕經驗和現實經驗所具有的共通點（周慶華，2022：109～112），以及必要有如本脈絡這般論議等，到這裏終於可以一目了然（得一確解）。

參考文獻

丁亞平（1996），《藝術文化學》，北京：文化藝術。

丁福保編（1992），《佛學大辭典》，臺北：新文豐。

子璿集（1974），《楞嚴經》，《大正藏》卷 39，臺北：新文豐。

方平等譯（2000），《新莎士比亞全集第 12 卷．詩歌》，臺北：貓頭鷹。

方迪遜（2005a），《鬼魂之謎》（未著譯者姓名），臺北：晶石。

方迪遜（2005b），《人類極限》（未著譯者姓名），臺北：晶石。

方時雨（1986），《中國文學藝術家傳記：中國藝術家故事》，臺北：莊嚴。

王充（1978），《論衡》，新編諸子集成本，臺北：世界。

王弼（1978），《老子道德經注》，新編諸子集成本，臺北：世界。

王謨輯（1988），《增訂漢魏叢書》，臺北：大化。
王仲聞（1983），《李清照集校注》，臺北：漢京。
王偉勇主編（2011），《藝術欣賞與實務》，臺北：里仁。
王國維（1981），《人間詞話》，臺南：大夏。
王夢鷗（1976），《文藝美學》，臺北：遠行。
王德保（2002），《神話的意蘊》，北京：中國人民大學。
丹托（2008），《美的濫用》（鄧伯宸譯），臺北：立緒。
丹納（2004），《藝術哲學》（傅雷譯），臺中：好讀。
丹青藝叢編委會編（1987），《當代美學論集》，臺北：丹青。
巴克（2007），《文化研究智典》（許夢芸譯），臺北：韋伯。
巴柏（1989），《客觀知識——一個進化論的研究》（程實定譯），臺北：結構羣。

巴舍拉（2003），《空間詩學》（龔卓軍譯），臺北：張老師。
孔恩（1989），《科學革命的結構》（王道還編譯），臺北：遠流。
孔晁注（1988），《汲冢周書》，增訂漢魏叢書本，臺北：大化。
孔穎達等（1982a），《周易正義》，十三經注疏本，臺北：藝文。
孔穎達等（1982b），《毛詩正義》，十三經注疏本，臺北：藝文。
水島治郎（2018），《民粹時代：是邪惡的存在，還是改革的希望？》（林詠純譯），臺北：先覺。
厄列甚得（2006），《藝術社會學：精緻與通俗形式之探索》（張正霖等譯），臺北：巨流。
平克（1998），《語言本能——探索人類語言進化的奧祕》（洪蘭譯），臺北：商周。
平易口述（2014），《透視靈間：看透你的前世今生》（趙慕嵩撰稿），臺北：大塊。
尼德（1995），《女性裸體》（侯宜人譯），臺北：

遠流。
尼葛洛龐帝（1998），《數位革命》（齊若蘭譯），臺北：天下遠見。
白川靜（1983），《中國古代文化》（加地伸行等譯），臺北：文津。
白居易（1980），《白居易集》，臺北：里仁。
白馬禮（1980），《語言的故事》（李慕白譯），臺北：臺灣商務。
白雲觀常春真人編纂（1995），《無上祕要》，《正統道藏》第 42 冊，臺北：新文豐。
布侃南（2004），《連結》（胡守仁譯），臺北：天下遠見。
布洛克（2000），《西方人文主義傳統》（董樂山譯），臺北：究竟。
布倫南（2018），《反民主：選票失能、理性失調，反思最神聖制度的狂亂與神話！》（劉維人譯），新北：聯經。
布睿格等（2000），《亂中求序——混沌理論的永恆智慧》（姜靜繪譯），臺北：先覺。
司馬遷（1979），《史記》，臺北：鼎文。

史密士（2000），《超越後現代心靈》（梁永安譯），臺北：立緒。

史塔克（2004），《簡易靈魂出體》（林明秀譯），臺北：方智。

卡羅爾（2017），《詩性的宇宙：一位物理學家尋找生命起源、宇宙與意義的旅程》（蔡承志譯），臺北：八旗。

考夫（2007），《文化創意產業——以契約達成藝術與商業的媒合》（仲曉玲等譯），臺北：典藏藝術家庭。

宇色（2011），《我在人間與靈界對話》，臺北：柿子。

朱津（2010），《權力地景：從底特律到迪士尼世界》（王志弘等譯），臺北：羣學。

朱光潛（1981），《詩論》，臺北：德華。

朱光潛（1988a），《文藝心理學》，臺北：開明。

朱光潛編譯（1988b），《西方美學家論美與美感》，臺北：天工。

朱迪斯（2017），《民粹大爆炸：公民不服從，羣眾上街頭，歐美政局風雲變色的反思與警示》(李隆生等譯),臺北:聯經。
朱耀偉(1994),《後東方主義——中西文化批評論述策略》,臺北:駱駝。
如實(2013),《別被假神鬼呼嚨了!》,新北:零極限。
艾米頓(2008),《高速創新》(陳逕等譯),臺北:博雅。
艾恩斯(2005),《神話的歷史》(杜文燕譯),臺北:究竟。
伊格頓(1987),《當代文學理論導論》(聶政雄等譯),香港:旭日。
西爾瓦(2006),《麥田圈的密碼》(賴盈滿譯),臺北:遠流。
安德森等(2017),《漫步靈魂花園間》(林雨蒨譯),臺中:一中心。
安端-安德森(2005),《藝術有什麼用?——認識藝術的第一堂課》(賴慧芸譯),臺北:先覺。
何休(1982),《公羊傳解詁》,十三經注疏本,臺北:藝文。

希克（2001），《第五向度——靈性世界的探索》（鄧元尉譯），臺北：商周。

貝克（1997），《超自然經驗與靈魂不滅》（王靈康譯），臺北：東大。

貝爾（2002），《現代藝術》（武夫譯），香港：三聯。

貝林格（2005），《巫師與巫術》（李中文譯），臺中：晨星。

貝維拉達（2004），《為藝術而藝術與文學生命》（陳大道譯），臺北：昭明。

貝洛澤斯卡亞等（2005），《古希臘藝術》（黃中憲譯），臺北：貓頭鷹。

坎伯（1997），《神話的智慧》（李子寧譯），臺北：立緒。

沈約（1979），《宋書》，臺北：鼎文。

沈國鈞（1978），《人文學的知識基礎》，臺北：水牛。

沈清松（1986），《解除世界魔咒——科技對文化的衝擊與展望》，臺北：時報。

佛思等（1996），《當代語藝觀點》（林靜伶譯）

，臺北：五南。
佛隆金等（1999），《語言學新引》（黃宣範譯），臺北：文鶴。
邢昺（1982），《論語注疏》，十三經注疏本，臺北：藝文。
門羅（1987），《走向科學的美學》（安宗昇譯），臺北：五洲。
李昉（1987），《太平廣記》，臺北：新興。
李善（1975），《昭明文選注》，臺北：文化。
李維歐（2004），《黃金比例》（丘宏義譯），臺北：遠流。
李霖燦（2003），《中國美術史稿》，臺北：雄獅。
李維史陀（2001），《神話與意義》（楊德睿譯），臺北：麥田。
呂大吉主編（1993），《宗教學通論》，臺北：博遠。
呂亞力（1991），《政治學方法論》，臺北：三民。
杜加斯等（1990），《當代社會心理學》（程實定譯），臺北：結構羣。

杜普瑞（1996），《人的宗教向度》（傅佩榮譯），臺北：幼獅。

吳先琪（2014），《我與濟佛的因緣》，臺北：洪葉。

吳美雲採訪（2016），《與大師談天 2 孫儲琳：是特異功能？還是潛能？》，臺北：英文漢聲。

吳垠慧（2003），《臺灣當代美術大系媒材篇：科技與數位藝術》，臺北：藝術家。

克里克（2000），《驚異的假說——克里克「心」、「視」界》（劉明勳譯），臺北：天下遠見。

克拉克（2004），《裸藝術：探究完美形式》（吳玫等譯），臺北：先覺。

克里斯托主編（2000），《劍橋百科全書》（貓頭鷹出版社譯），臺北：貓頭鷹。

克里斯托（2001），《語言的死亡》（周蔚譯），臺北：貓頭鷹。

克里普納等（2004），《超凡之夢》（易之新譯）

，臺北：心靈工坊。
伯金斯（2001），《阿基米德的浴缸——突破性思考的藝術與邏輯》（林志懋譯），臺北：究竟。
沃爾夫（1999），《靈魂與物理——一位物理學家的新靈魂觀》（呂捷譯），臺北：臺灣商務。
沃德羅普（1995），《複雜——走在秩序與混沌邊緣》（齊若蘭譯），臺北：天下遠見。
求那跋陀羅譯（1974），《雜阿含經》，《大正藏》卷 2，臺北：新文豐。
奇等（2003），《燕瘦環肥——完美身材的歷史》（宗明譯），臺北：先覺。
芙秋（2007），《靈療．奇蹟．先行者——一個博士靈媒的故事》（詹采妮等譯），臺北：宇宙花園。
肯納（2009），《圖騰的祕密》（呂孟娟譯），臺北：日月。
法盛譯（1974），《佛說菩薩投身飴餓虎起塔因緣經》，《大正藏》卷 3，臺北：新文豐。

法林頓（2006），《超自然的歷史》（謝佩妏譯），臺北：究竟。
法林頓（2007），《巫怪的傳說》（黃鳳等譯），太原：希望。
林區（1998），《思想傳染》（張定綺譯），臺北：時報。
林在勇（2005），《怪異：神乎其神的智慧》，臺北：新潮社。
林建法等主編（1987），《文學藝術家智能結構》，桂林：灕江。
林富士（1995），《孤魂與鬼雄的世界：北臺灣的厲鬼信仰》，臺北：臺北縣立文化中心。
秀慈（2008），《通靈筆記》，臺北：笛藤。
芳鄧（2007），《通靈教戰手冊——開發你的通靈潛能》（朱玫菁譯），臺北：萊韻。
孟羅（1993），《靈魂出體》（翔翎譯），臺北：方智。
宗白華（1987），《美學的散步》，臺北：洪範。
房玄齡等（1979），《晉書》，臺北：鼎文。
金沛星編著（2014），《超驚奇！世界奇人奇事大搜密》，新北：智學堂。
周冠生主編（1995），《新編文藝心理學》，上海：上海文藝。
周敦頤（1978），《周子全書》，臺北：臺灣商務。
周策縱（1986），《古代巫醫與「六詩」考——中國浪漫文學探原》，臺北：聯經。
周慶華（1997），《語言文化學》，臺北：生智。
周慶華（1999a），《佛教與文學的系譜》，臺北：里仁。
周慶華（1999b），《思維與寫作》，臺北：五南。
周慶華（2000），《文苑馳走》，臺北：文史哲。
周慶華（2001a），《後宗教學》，臺北：五南。
周慶華（2001b），《作文指導》，臺北：五南。
周慶華（2002a），《死亡學》，臺北：五南。
周慶華（2002b），《故事學》，臺北：五南。
周慶華（2003），《閱讀社會學》，臺北：揚智。
周慶華（2004a），《文學理論》，臺北：五南。
周慶華（2004b），《創造性寫作教學》，臺北：萬卷樓。

周慶華（2004c），《語文研究法》，臺北：洪葉。
周慶華（2004d），《後臺灣文學》，臺北：秀威。
周慶華（2005），《身體權力學》，臺北：弘智。
周慶華（2006a），《靈異學》，臺北：洪葉。
周慶華（2006b），《語用符號學》，臺北：唐山。
周慶華（2007a），《走訪哲學後花園》，臺北：三民。
周慶華（2007b），《語文教學方法》，臺北：里仁。
周慶華（2007c），《紅樓搖夢》，臺北：里仁。
周慶華（2008），《轉傳統為開新——另眼看待漢文化》，臺北：秀威。
周慶華（2009），《文學詮釋學》，臺北：里仁。
周慶華（2011a），《語文符號學》，上海：東方。
周慶華（2011b），《文學概論》，新北：揚智。
周慶華（2012a），《文化治療》，臺北：五南。
周慶華（2012b），《華語文文化教學》，新北：揚智。
周慶華（2016），《文學經理學》，臺北：五南。

周慶華（2020a），《靈異語言知多少》，臺北：華志。
周慶華（2020b），《新說紅樓夢》，臺北：華志。
周慶華（2020c），《《莊子》一次看透》，臺北：華志。
周慶華（2021a），《君子學：後全球化時代的希望工程》，臺北：華志。
周慶華（2021b），《《周易》一次解密》，臺北：華志。
周慶華（2022），《諸子臺北學》，臺北：華志。
拉斐爾（2006），《美國靈媒大師瑪麗蓮：通靈大師的精采人生暨見證》（吳孝明等譯），臺北：智庫。
拉斐爾（2012），《天堂漫遊：跟靈媒大師瑪麗蓮漫遊天堂》（江麗美譯），臺北：智庫。
波斯納（2002），《法律與文學》（楊惠君譯），臺北：商周。
亞德烈（1987），《藝術哲學》（周浩中譯），臺北：水牛。
亞歷山大（2009），《藝術社會學》（章浩等譯）

，南京：江蘇美術。
阿姆斯壯（2005），《神話簡史》（賴盈滿譯），臺北：大塊。
波恩－杜貞（2004），《曠世傑作的祕密》（余姍珊譯），臺北：時報。
並木伸一郎（2016），《世界超人、怪人、奇人大百科》（陳雯凱譯），新北：西北國際。
佳慶編輯部編譯（1984），《偉大的傳統》，臺北：佳慶。
韋伯（2017），《多次元宇宙》（許淑媛譯），臺中：一中心。
韋昭（1974），《國語注》，臺北：藝文。
韋斯曼（2008），《讓你瞬間看穿人心的怪咖心理學——史上最搞怪的心理實驗報告》（洪慧芳譯），臺北：漫遊者。
派克（1999），《超越心靈地圖》（魯宓譯），臺北：張老師。
柏格（1989），《看的方法——繪畫與社會關係七講》（陳志梧譯），臺北：明文。
柏拉圖（1986），《柏拉圖文藝對話集》（朱光潛譯），臺北：蒲公英。
范錡（1987），《哲學概論》，臺北：臺灣商務。
范普拉（2011），《與靈共存：一位靈魂療癒師讓亡者好走、生者安心的動人故事》（林資香譯），臺北：橡樹林。
范普拉（2017），《靈魂的冒險——穿越物質與靈魂次元的旅程》（林慈敏譯），臺北：宇宙花園。
范德美（2000），《價值行銷時代——知識經濟時代獲利關鍵》（齊思賢譯），臺北：時報。
施護譯（1974），《初分說經》，《大正藏》卷 14，臺北：新文豐。
施寄青（2004），《看神聽鬼：施寄青的通靈偵察事件簿》，臺北：大塊。
姚一葦（1985），《藝術的奧祕》，臺北：開明。
南山宏編著（2014），《超神祕 X 檔案：靈異事件之謎》（陳宗楠譯），新北：人類。
祖夫卡（1996），《新靈魂觀》（廖世德譯），臺北：方智。
段玉裁（1978），《說文解字注》，臺北：南嶽。

柯司特（1998），《網絡社會之崛起》（夏鑄九等譯），臺北：唐山。
柯西諾主編（1998），《靈魂筆記（靈魂考）》（宋偉航譯），臺北：立緒。
柯林烏德（1989），《藝術哲學大綱》（周浩中譯），臺北：水牛。
柯特萊特（2000），《上癮五百年》（薛絢譯），臺北：立緒。
計有功（1981），《唐詩紀事》，臺北：中華。
馬西屏（2020），《我的神鬼靈療傳奇：大師、宮廟與奇療生死之旅》，臺北：遠流。
朗西曼（2019），《民主會怎麼結束》（梁永安譯），新北：立緒。
威肯特（1999），《當代意識形態》（羅慎平譯），臺北：五南。
威爾伯（2000），《靈性復興——科學與宗教的整合道路》（龔卓軍譯），臺北：張老師。
威爾科克（2012），《源場：超自然關鍵報告》（隋凡等譯），臺北：橡實。
迪威特（2015），《世界觀：現在年輕人必懂的科學哲學與商業的媒合》（唐澄暐譯），新北：夏日。
洛斯奈（1989），《精神分析入門》（鄭泰安譯），臺北：志文。
紀曉嵐（1977），《閱微草堂筆記》，臺北：文光。
約翰遜（2008），《創作大師的不傳之祕》（蔡承志譯），臺北：木馬。
科藍茲克（2015），《民主在退潮：民主還會讓我們的世界變得更好嗎？》（湯錦臺譯），臺北：如果。
香港聖經公會（1996），《聖經》，新標點和合本，香港：香港聖經公會。
香港嶺南學院翻譯系編（1996），《學科・知識・權力》，香港：牛津大學。
袁珂（1995），《中國神話傳統》，臺北：里仁。
高柏（2009），《狂野寫作——進入書寫的心靈荒原》（詹美涓譯），臺北：心靈工坊。
高德（2008），《夠了！創意》（郭彥銘譯），臺北：馬可孛羅。

高誘（1978a），《淮南子注》，新編諸子集成本，臺北：世界。

高誘（1978b），《呂氏春秋注》，新編諸子集成本，臺北：世界。

高木森（2000），《亞洲藝術》，臺北：東大。

高居翰（2000），《中國繪畫史》（李渝譯），臺北：雄獅。

高橋宣勝（2001），《靈異世界的訪客》（文彰等譯），臺北：旗品。

紐通（2003），《靈魂的旅程》（曾怡菱譯），臺北：十方書。

海布倫等（2008），《藝術・文化經濟學》（郭書瑄等譯），臺北：典藏。

桐生操（2004），《世界幽靈怪奇物語》（許慧貞譯），臺北：新雨。

夏呂姆（2007），《藝術原理：柏拉圖到今日的藝術哲學、批評和歷史》（陳英德等譯），臺北：藝術家。

索非亞（2009），《靈界的譯者：從學生靈媒到棒球女主審的通靈之路》，臺北：三采。

索非亞（2010），《靈界的譯者 2：跨越生與死的 40 個人生問答》，臺北：三采。

索羅斯比（2003），《文化經濟學》（張維倫等譯），臺北：典藏藝術家庭。

徐炎章等（1998），《數學美學思想史》，臺北：曉園。

徐復觀（1980），《中國文學論集》，臺北：學生。

郝金斯（2010），《創意生態——思考產生好點子》（李明譯），臺北：典藏藝術家庭。

泰特薩（1999），《終極的演化——人類的起源與結局》（孟祥森譯），臺北：先覺。

殷登國（1986），《人各有癖》，臺北：希代。

孫詒讓（1978），《墨子閒詁》，新編諸子集成本，臺北：世界。

宮布利希（2000），《藝術的故事》（雨云譯），臺北：聯經。

格拉斯奈（2006），《編故事：互動故事創意聖經》（關帝丰譯），臺北：閱讀地球。

格茲莫考斯基（2015），《這些話，為什麼這麼有哏？名人毒舌語錄 1200 句》（王定春譯），臺北：本事。
埃斯卡皮（1990），《文學社會學》（葉淑燕譯），臺北：遠流。
勒伯（1997），《身體的意象》（湯皇珍譯），臺北：遠流。
勒埃伯（1989），《迷信》（曾義治譯），臺北：遠流。
張法（2004），《美學導論》，臺北：五南。
張湛（1978），《列子注》，新編諸子集成本，臺北：世界。
張微編著（2005），《蒙娜麗莎的微笑——世界五千年文化之謎》，臺北：譯站。
張君房輯錄（1996），《雲笈七籤》，臺北：自由。
張其錚（2012），《這些年，追我的阿飄們：業餘通靈人的療癒系鬼故事》，新北：野人。
張其錚（2019），《靈異說書人》，臺北：大塊。
張開基（2000），《飛越陰陽界》，臺北：新潮社。

張毅清等（2011），《一望六百年：〈富春山居圖〉傳奇》，臺北：知書房。

荷馬（2000a），《伊利亞特》（羅念生等譯），臺北：貓頭鷹。

荷馬（2000b），《奧德賽》（王煥生譯），臺北：貓頭鷹。

荷曼斯（1987），《社會科學的本質》（楊念祖譯），臺北：桂冠。

陳壽（1979），《三國志》，臺北：鼎文。

陳秉璋等（1988），《邁向現代化》，臺北：桂冠。

陳秉璋等（1990），《價值社會學》，臺北：桂冠。

陳秉璋等（1993），《藝術社會學》，臺北：巨流。

陳炳盛主編（2006），《世界神祕現象》，臺北：人類智庫。

陳信聰（2010），《幽明得度——儀式的戲劇觀點：臺南市東嶽殿打城法事分析》，臺北：唐山。

陳國強主編（2002），《文化人類學辭典》，臺北：恩楷。

陳瓊花（1995），《藝術概論》，臺北：三民。

梭羅（2000），《知識經濟時代》（齊思賢譯），臺北：時報。

馮作民（1998），《中國美術史》，臺北：藝術圖書。

馮集梧（1983），《樊川詩集注》，臺北：漢京。

康克林（2004a），《不可思議的超能力》（黃語忻譯），臺北：亞洲。

康克林（2004b），《不可思議的生命輪轉》（黃語忻譯），臺北：亞洲。

康克林（2004c），《超自然的神祕世界》（黃語忻譯），臺北：亞洲。

康克林（2004d），《超文明的神祕力量》（黃語忻譯），臺北：亞洲。

康克林（2004e），《超自然的神祕現象》（黃語忻譯），臺北：亞洲。

康克林（2004f），《令人戰慄的神祕領域》（黃語忻譯），臺北：亞洲。

康克林（2004g），《不可思議的植物之謎》（黃語忻譯），臺北：亞洲。

康克林（2004h），《不可思議的超文明奇蹟》（黃語忻譯），臺北：亞洲。

章利國（1999），《中國佛教百科叢書‧書畫卷》，臺北：佛光。

陶伯華等（1993），《靈感學引論》，臺南：復漢。

陶貓貓（2019），《見鬼之後：通靈港女陰陽眼實錄與靈譯告白》，臺北：時報。

郭育新等（1991），《文藝學導論》，臺北：中國文化大學。

郭慶藩（1978），《莊子集釋》，新編諸子集成本，臺北：世界。

陸蓉之（1990），《後現代的藝術現象》，臺北：藝術家。

眭澔平（2016），《眭澔平地球長征之旅》，新北：人類智庫。

崔慶忠（2003），《圖說中國繪畫史》，臺北：揚智。

麥克里蘭（1991），《意識形態》（施忠連譯），臺北：桂冠。

麥克肯恩（2009），《讓人驚奇的 100 個世界懸疑》（葉育嘉譯），臺北：采竹。

麥克奈爾（2004），《臉》（黃中憲譯），臺北：藍鯨。

麥克唐納（1990），《言說的理論》（陳墇津譯），臺北：遠流。

麥克勞林等（1998），《心靈政治學》（陳蒼多譯），臺北：國立編譯館。

視覺設計研究所（2009），《擋不住的魔鬼誘惑：讓我們無法自拔的敗德欲望》（桑田草譯），臺北：原點。

捷幼出版社編輯部主編（1992），《中國神仙傳記文獻初編》，臺北：捷幼。

凱利編（1996），《藝術生活的模糊分際：卡布羅論文集》（徐梓寧譯），臺北：遠流。

凱斯特（2006），《對話性創作：現代藝術中的社羣與溝通》（吳瑪悧等譯），臺北：遠流。

寒哲（2001），《西方思想抒寫》（胡亞非譯），臺北：立緒。
焦桐主編（2009），《味覺的土風舞：「飲食文學文化國際學術研討會」論文集》，臺北：二魚。
喬堅（2001），《身體意象》（黎士鳴譯），臺北：弘智。
喬登（2001），《網際權力：網際空間與網際網路的文化與政治》（江靜之譯），臺北：韋伯。
揚雄（1988），《法言》，增訂漢魏叢書本，臺北：大化。
傅大為（1991），《知識與權力的空間——對文化、學術、教育的基進反省》，臺北：桂冠。
彭吉象（1994），《藝術學概論》，臺北：淑馨。
黃秀如（2005），《癖理由》，臺北：網路與書。
黃漢耀譯著（1991），《文明也是災難》，臺北：張老師。
曾祖蔭（1987），《中國古代美學範疇》，臺北：丹青。

曾肅良（1996），《傳統與創新：現代藝術的迷思》，臺北：曾肅良。

博爾曼（2009），《寫作的女人危險》（張蓓瑜譯），臺北：博雅。

黑澤明（2014），《蝦蟆的油——黑澤明尋找黑澤明》（陳寶蓮譯），臺北：麥田。

斯卡迷達（2001），《聶魯達的信差》（張慧英譯），臺北：皇冠。

森安太郎（1979），《中國古代神話研究》（王孝廉譯），臺北：地平線。

普列希特（2010），《我是誰？——如果有我，有幾個我？》（錢俊宇譯），臺北：啟示。

華諾文學編譯組編（1985），《文學理論資料匯編》，臺北：華諾。

塔克（2008），《當你的小孩想起前世：兒童前世記憶的科學調查檔案》（林羣華譯），臺北：人本自然。

葛洪（1988），《神仙傳》，增訂漢魏叢書本，臺北：大化。

葛雷易克（1991），《混沌——不測風雲的背後

》（林和譯），臺北：天下遠見。
源淼（2007），《輪迴轉世之約》，臺北：春光。
楊新等（1999），《中國繪畫三千年》，臺北：聯經。
詹鍈（1984），《文心雕龍的風格學》，臺北：木鐸。
雷夫金（1988），《能趨疲：新世界觀——21世紀人類文明的新曙光》（蔡伸章譯），臺北：志文。
雷布魯克（2019），《反對選舉》（甘歡譯），臺北：聯合文學。
路克斯（2006），《權力——基進觀點》（林葦芸譯），臺北：商周。
道金斯（1995），《自私的基因》（趙淑妙譯），臺北：天下遠見。
福斯特主編（1998），《反美學：後現代文化論集》（呂健忠譯），臺北：立緒。
愛德華（2004），《像藝術家一樣思考》（張索娃譯），臺北：時報。
葉謹睿（2005），《數位藝術概論：電腦時代之美學、創作及藝術》，臺北：藝術家。
鳩摩羅什譯（1974a），《中論》，《大正藏》卷 30，臺北：新文豐。
鳩摩羅什譯（1974b），《大智度論》，《大正藏》卷 25，臺北：新文豐。
閣林製作中心編（2010a），《古文明藝術之旅：希臘》，臺北：明天國際。
閣林製作中心編（2010b），《古文明藝術之旅：埃及》，臺北：明天國際。
閣林製作中心編（2010c），《古文明藝術之旅：羅馬》，臺北：明天國際。
慈誠羅珠堪布（2007），《輪迴的故事——穿越前世今生，探索生命意義》（索達吉堪布譯），臺北：橡樹林。
豪斯（1997），《西洋社會藝術進化史》（邱彰譯），臺北：雄獅。
齊達（2010），《別掉入思考的陷阱！》（陳筱宛譯），臺北：商周。
郝伯金（2004a），《陰氣逼人的超自然體驗》（劉偉祥譯），臺北：達觀。

郝伯金（2004b），《羣魔亂舞的靈異事件簿》（劉偉祥譯），臺北：達觀。
蒲松齡（1984），《聊齋誌異》，臺北：漢京。
廖惠玲主編（2008），《神祕生物未解之謎》，臺北：人類智庫。
漢彌爾頓（2010），《卡薩諾瓦是個書痴：寫作、銷售和閱讀的真知與奇談》（王藝譯），臺北：麥田。
漢語大字典編輯委員會編（1998），《漢語大字典》，臺北：建宏。
臺灣商務印書館編審委員會編（1978），《辭源》，臺北：臺灣商務。
劉劭（1988），《人物誌》，增訂漢魏叢書本，臺北：大化。
劉雨（1995），《寫作心理學》，高雄：麗文。
劉歆（1988），《西京雜記》，增訂漢魏叢書本，臺北：大化。
劉孝標（1978），《世說新語注》，新編諸子集成本，臺北：世界。
劉昌元（1987），《西方美學導論》，臺北：聯經。
劉其偉（2003），《現代繪畫基本理論》，臺北：雄獅。
劉軍寧（1992），《權力現象》，臺北：臺灣商務。
劉清彥譯（2000），《鬼魂》，臺北：林鬱。
劉清彥譯（2001a），《特異功能》，臺北：林鬱。
劉清彥譯（2001b），《心智的奧秘》，臺北：林鬱。
劉清彥譯（2001c），《儀式與魔法》，臺北：林鬱。
劉還月（1996），《臺灣民間信仰小百科》（靈媒卷），臺北：臺原。
德曼（1998），《解構之圖》（李自修等譯），北京：中國社會科學。
德沃金（2016），《沒有神的宗教》，（梁永安譯），新北：立緒。
德希達（2004），《書寫與差異》（張寧等譯），臺北：麥田。
慧皎（1974），《高僧傳》，《大正藏》卷 50，臺北：新文豐。
慧遠（1974），〈沙門不敬王者論〉，《弘明集》，《大正藏》卷 53，臺北：新文豐。
蔡文華（1995），《前世今生的論證》，臺北：如來印經會。
蔡州隆（2013），《與巫對談：那些神明教我的事》，臺北：平安。
蔡佩如（2001），《穿梭天人之際的女人：女乩童的性別特質與身體意涵》，臺北：唐山。
滕守堯（1997），《藝術社會學描述》，臺北：生智。
鄭良偉編（1988），《林宗源臺語詩選》，臺北：自立晚報社。
鄭治桂等（2009），《360°看見梵谷》，臺北：原點。
鄭愁予（1977），《鄭愁予詩選集》，臺北：志文。
蔣廷錫等編（1991），《神怪大典》，上海：上海文藝。
潘知常（1997），《反美學》，臺北：學林。

潘明雪（2013），《為什麼是我？菩薩找我當代言人》，臺北：宇河。
黎國雄（1995），《解讀靈異現象》，臺北：希代。
默欠特（1986），《論史詩》（蔡進松譯），臺北：黎明。
諾利斯（1995），《解構批評理論與應用》（劉自荃譯），臺北：駱駝。
錢谷融等主編（1990），《文學心理學》，臺北：新學識。
盧勝彥（2004），《靈與我之間——親身經歷的靈魂之奇》，桃園：大燈。
霍爾特（2016），《世界為何存在？》（陳信宏譯），臺北：大塊。
穆尚布萊（2007），《魔鬼的歷史》（張庭芳譯），臺北：五南。
蕭兵（2001），《神話學引論》，臺北：文津。
蕭登福（1990），《先秦兩漢冥界及神仙思想探原》，臺北：文津。
戴蒙（2006），《大崩壞：人類社會的明天？》（

廖月娟譯），臺北：時報。
戴德（1988），《大戴禮記》，增訂漢魏叢書本，臺北：大化。
韓嬰（1988），《韓詩外傳》，增訂漢魏叢書本，臺北：大化。
謝明錩（2004），《看懂世界名畫》，臺北：爾雅。
謝國平（1986），《語言學概論》，臺北：三民。
賽爾維爾（1989），《意識形態》（吳永昌譯），臺北：遠流。
顏之推（1978），《顏氏家訓》，新編諸子集成本，臺北：世界。
關永中（1997），《神話與時間》，臺北：臺灣書店。
薩維奇（2005），《魔法師：科學之父眼中的魔法世界》（蘇有薇譯），臺北：三言社。
瞿曇僧伽提婆譯（1974），《增壹阿含經》，《大正藏》卷 2，臺北：新文豐。
羅曲（2019），《活見鬼！世上真的有阿飄？科學人的靈異世界之旅》（貓學步譯），臺北

：時報。
羅斯（2014），《起源，宇宙究竟是誰創作的》（鄧婷等譯），臺北：時兆。
羅蘭（1996），《貝多芬傳》（傅雷譯），臺北：世界文物。
羅柏茲（2009），《流行音樂之神 Michael Jackson》（黃妧俐譯），臺北：麥田。
羅森堡（1988），《拆／解藝術》（周麗蓮譯），臺北：遠流。
譚國根（2000），《主體建構政治與現代中國文學》，香港：牛津大學。
蘇利（2005），《希臘愛愛》（黃芳田譯），臺北：遠流。
蘇軾（1971），《東坡題跋》，臺北：廣文。
蘇軾（1985），《蘇軾詩集》，臺北：學海。
蘇永明（2006），《主體的爭議與教育——以現代和後現代哲學為範圍》，臺北：心理。
竇治等（2005），《網路空間的圖像》（江淑琳譯），臺北：韋伯。
釋妙蘊（2005），《奇人妙事》，臺北：福報。

蘭德爾（2013），《邊做夢邊冒險：睡眠的科學真相》（蔡承志譯），臺北：漫遊者。
櫻井識子（2017），《與神連線——靈能世家親身實證！這樣聽見神的聲音》（龔婉如譯），臺北：方智。
欒保羣（2013），《百鬼夜宴——這些人，那些鬼》，臺北：柿子。
龔鵬程（2001），《文化符號學》，臺北：學生。

國家圖書館出版品預行編目資料

靈異藝術學 / 周慶華著. -- 初版. -- 臺北市：華志文化事業有限公司, 2023.01
面； 公分. -- (後全球化思潮 ; 8)
ISBN 978-626-96716-3-2(平裝)

1.CST: 通靈術 2.CST: 藝術

296 111018605

華志文化事業有限公司
系列／後全球化思潮08
書名／靈異藝術學

作者 周慶華
執行編輯 楊雅婷
封面設計 王志強
文字校對 陳欣欣
企劃執行 康敏才
總編輯 吳志文
社長 楊凱翔
出版者 華志文化事業有限公司
電子信箱 huachihbook@yahoo.com.tw
地址 116台北市文山區興隆路四段九十六巷三弄六號四樓
電話 0937075060

總經銷商 旭昇圖書有限公司
地址 235新北市中和區中山路二段三五二號二樓
電話 02-22451480
傳真 02-22451479
郵政劃撥 戶名：旭昇圖書有限公司（帳號：12935041）

書號 G408
出版日期 西元二〇二三年一月初版第一刷

PRINT IN TAIWAN

華志文化